Peter Boge

Esoterismo Algoritmico Quantistico

Esoterismo Algoritmico Quantistico

Decifrare le forze invisibili che dirigono i flussi finanziari globali

Peter Boge

Saggistica

Note legali

Informazioni bibliografiche della Biblioteca Nazionale Tedesca: la Biblioteca Nazionale Tedesca ha inserito questa pubblicazione nella Bibliografia Nazionale Tedesca; i dati bibliografici dettagliati sono disponibili su Internet all'indirizzo http://dnb.dnb.de.

Editore: BoD · Books on Demand GmbH, Überseering 33, 22297 Hamburg, bod@bod.de

Stampa: Libri Plureos GmbH, Friedensallee 273, 22763 Hamburg

Patreon: https://www.patreon.com/cw/authorpeterboge
Substack: https://substack.com/@peterboge
Sito web dell'autore: https://peter.boge.com.gt/author/

ISBN: 978-3-6963-5621-7

INDICE

PROLOGO – LE FORZE INVISIBILI

Decodificare l'esoterismo algoritmico

Dai sacerdoti dei templi della Mesopotamia agli algoritmi quantistici dei mercati finanziari

"Le forze più potenti di un'epoca sono spesso quelle che quasi nessuno vede."

Il rumore dell'invisibilità

Non c'è una campana che annuncia l'inizio di un nuovo mondo.
Nessuna fanfara.
Nessuna rivoluzione per le strade.

I più grandi sconvolgimenti della storia accadono di solito in silenzio.
L'Impero Romano non crollò in un solo giorno.
Il sistema feudale non scomparve dall'oggi al domani.
La Rivoluzione Industriale non iniziò con una dichiarazione ufficiale.
E nemmeno la rivoluzione digitale fu proclamata.
È semplicemente accaduta.
Mentre la maggior parte delle persone continuava a vivere la propria vita quotidiana.

Oggi stiamo vivendo un'altra transizione di questo tipo.
Ma questa volta non riguarda solo i nostri strumenti.
Riguarda la struttura stessa della realtà.

La nuova invisibilità

L'uomo moderno vive in un mondo modellato da decisioni che non vede mai.

Quando un biglietto aereo diventa improvvisamente più costoso.
Quando un prestito viene approvato o negato.
Quando un'azione sale.
Quando un post appare su un social network.
Quando miliardi di capitale lasciano un continente.

Dietro questi eventi c'è sempre più raramente un essere umano.
Tra causa ed effetto si interpone oggi sempre più spesso un algoritmo.
Non come strumento.
Ma come istanza decisionale indipendente.

Questa è la vera rivoluzione del nostro tempo.
Non la digitalizzazione.
Non internet.
Non l'intelligenza artificiale.
Ma lo spostamento del potere decisionale.

Dal potere visibile al potere invisibile

Storicamente, il potere era riconoscibile.
Il re portava una corona.
Il generale comandava un esercito.
Il sacerdote parlava davanti a una congregazione.
Il proprietario della fabbrica possedeva le sue macchine.

Il potere aveva un volto.
Si poteva vedere.
Si poteva combattere.
Si poteva rovesciare.

Ma il potere del XXI secolo spesso non ha più un corpo.
Esiste come:

- modello matematico
- funzione di ottimizzazione
- rete neurale
- algoritmo di trading
- infrastruttura dati

Il nuovo potere non è nascosto perché segreto.
È nascosto perché è diventato troppo complesso.

La nascita dell'esoterismo algoritmico

La parola "esoterismo" deriva dal greco.
Originariamente indicava la conoscenza per una cerchia ristretta.
Conoscenza non destinata a tutti.

La società moderna si considera l'opposto.
Crediamo in:

- trasparenza
- scienza
- pubblicità
- illuminismo

Ma paradossalmente, questo stesso sviluppo genera nuove forme di esoterismo.
Non attraverso la segretezza.
Ma attraverso la complessità.

La maggior parte delle persone non capisce:

- la creazione di moneta
- i derivati
- il trading ad alta frequenza
- le reti neurali
- la crittografia
- il calcolo quantistico

Non perché questi sistemi siano segreti.
Ma perché la loro complessità supera i limiti dell'intuizione umana.
Così nasce una nuova forma di conoscenza nascosta.
Un esoterismo algoritmico.

I mercati finanziari come avanguardia del futuro

Da nessuna parte questo sviluppo è più evidente che nei mercati finanziari globali.
I mercati finanziari sono sempre stati laboratori di potere.
Qui sono state testate innovazioni molto prima che raggiungessero la società:

- la partita doppia
- le assicurazioni
- le banche centrali

•la comunicazione globale
•l'informatizzazione

Oggi i mercati sono di nuovo un campo di sperimentazione.
Questa volta per le macchine.
Già ora, una parte considerevole del volume di scambi non è più innescata da esseri umani.
Ma da sistemi.

Questi sistemi analizzano:

•flussi di notizie
•dati satellitari
•dati meteorologici
•catene di approvvigionamento
•social media
•eventi geopolitici

e reagiscono in tempi che la percezione umana non può più cogliere.
L'uomo osserva.
La macchina agisce.

Il passaggio dal pensare al calcolare

Qui sta la vera cesura.
Le generazioni precedenti presumevano che le decisioni derivassero dal pensiero.
Un uomo analizza.
Un uomo giudica.
Un uomo decide.

Ma i sistemi moderni seguono un'altra logica.
Non capiscono.
Calcolano.
Eppure spesso ottengono risultati migliori.

Ciò mette in discussione uno dei presupposti più profondi della modernità:
L'idea che la comprensione sia un prerequisito per l'azione.
Le macchine agiscono con successo senza capire.
Gli esseri umani spesso capiscono senza agire con successo.
Tra i due nasce un crescente divario di potere.

Il paradigma quantistico

Il prossimo stadio di sviluppo potrebbe essere già all'orizzonte.
Il termine "trading quantistico" è spesso frainteso.
Non si tratta principalmente di computer esotici.
Si tratta di un nuovo modo di pensare.

Il mondo classico chiede:
Quale soluzione è quella giusta?
Il mondo quantistico chiede:
Quali possibilità esistono simultaneamente?

Mentre i sistemi tradizionali cercano risposte, i sistemi quantistici esplorano interi paesaggi di futuri possibili.
L'importanza di questo cambiamento difficilmente può essere sopravvalutata.
Perché chi può analizzare molti futuri possibili

contemporaneamente ottiene un vantaggio su chi considera un solo futuro.
Il potere diventa così la capacità di dominare spazi di probabilità.

La nuova aristocrazia

Ogni epoca produce le sue élite.
Nel Medioevo era la nobiltà.
Nell'era industriale, i proprietari di fabbriche.
Nell'era finanziaria, i banchieri.

Nell'era algoritmica stanno emergendo nuovi centri di potere.
Non necessariamente visibili.
Non necessariamente legittimati democraticamente.
Ma di enorme portata.

La risorsa decisiva ora è:
Previsione.

Chi può prevedere il comportamento –

- dei mercati,
- dei consumatori,
- degli elettori,
- degli Stati –

guadagna potere strutturale.
Non attraverso la coercizione.
Ma attraverso l'anticipazione.

La nuova metafisica finanziaria

A questo punto, la tecnologia tocca la filosofia.
Perché i mercati moderni sviluppano proprietà un tempo attribuite ai sistemi religiosi.
Appaiono:

- onnipresenti
- invisibili
- complessi
- impersonali

Premiano e puniscono. Creano ricchezza e crisi.
Influenzano miliardi di persone.
Ma nessuno li controlla completamente.

Ciò ricorda un'antica esperienza umana:
L'incontro con forze che sembrano più grandi dell'individuo.
Un tempo si chiamavano dei. Oggi si chiamano mercati.
Domani forse algoritmi.

La vera domanda

Questo libro non parla di computer.
Non parla di intelligenza artificiale. Nemmeno principalmente di mercati finanziari.
Parla di potere.
Sulla domanda più antica della civiltà:
Chi decide?

E una nuova domanda:
Cosa succede quando coloro che decidono non sono più esseri umani?

Forse non stiamo vivendo una rivoluzione tecnologica.
Forse stiamo assistendo all'emergere di una nuova forma di dominio.
Non attraverso la violenza.
Non attraverso l'ideologia.
Non attraverso la religione.
Ma attraverso il calcolo.

Lo sguardo dietro il sipario

I capitoli seguenti sono un viaggio.
Dai templi della Mesopotamia ai centri dati del presente.
Dai sacerdoti dell'antichità agli architetti dell'intelligenza artificiale.
Dai primi contabili agli sviluppatori di modelli ispirati al quantistico

È la storia di una continua ricerca di prevedibilità.
Di controllo.
Di ordine.
E quindi la storia del potere stesso.

Perché la vera domanda non è:
Gli algoritmi possono cambiare il mondo?
Ma piuttosto:
Hanno già iniziato a farlo – mentre noi stiamo ancora cercando di capire cosa stia succedendo?

La risposta a questa domanda potrebbe determinare la forma politica, economica e culturale del XXI secolo.

Ed è proprio qui che inizia la nostra indagine.

PARTE I – LA NASCITA DELL'INVISIBILITÀ

Capitolo 1 – L'invenzione dell'ordine nascosto

Come il potere è emerso dall'informazione

"La prima grande rivoluzione dell'umanità non fu l'agricoltura. Fu l'amministrazione dell'agricoltura."

L'errore del potere visibile

Quando le persone pensano alle origini del potere, spesso immaginano armi.
Pensano a:

- re
- eserciti
- conquiste
- mura
- palazzi

Ma questa nozione è insufficiente. La violenza può stabilire un dominio, ma non può organizzarlo permanentemente.
Nessun re può supervisionare ogni contadino. Nessun esercito può controllare ogni raccolto. Nessun sovrano può prendere personalmente milioni di decisioni ogni giorno.

La vera base di ogni società complessa non è mai stata solo la violenza.
Era l'informazione.

La storia del potere non inizia con la spada.
Inizia con la lista.

Il momento in cui i numeri diventarono più importanti dei muscoli

Circa diecimila anni fa, la storia umana cambiò radicalmente.
I cacciatori-raccoglitori divennero sedentari.
Nacque l'agricoltura.
Con l'agricoltura nacque un nuovo problema.

All'improvviso, le persone avevano bisogno di sapere:

- A chi appartiene quale campo?
- Chi deve cosa a chi?
- Quanto sono grandi le scorte?
- Quanti animali possiede una famiglia?
- Quanti lavoratori sono necessari?

La natura non era più il problema più grande.
La complessità divenne il problema.

Con ogni persona in più, la quantità di informazioni cresceva esponenzialmente.
Sorse un nuovo bisogno:
Amministrazione.

Ed è proprio qui che inizia la storia del potere invisibile.

La Mesopotamia: la nascita del dominio dell'informazione

Le prime città della Mesopotamia non erano solo centri religiosi.
Erano centri dati.

I templi di Uruk, Eridu o Lagash funzionavano come:

- magazzini
- centri amministrativi
- archivi
- autorità fiscali
- uffici di pianificazione economica

Nei libri di testo scolastici, il tempio appare spesso come un luogo religioso.
In realtà, fu la prima grande amministrazione della storia umana.

Il sacerdote non era solo un mediatore tra uomini e dei.
Era:

- contabile
- logistico
- manager economico
- amministratore di dati

Il tempio organizzava la società.
La religione era spesso lo strato di legittimazione sopra un apparato amministrativo più profondo.

L'invenzione della scrittura non fu una rivoluzione letteraria

Uno dei più grandi fraintendimenti della storia riguarda la scrittura.
Molte persone credono:
La scrittura nacque per le storie.
Per la poesia.
Per la filosofia.

L'archeologia mostra altro.
I più antichi caratteri scritti servivano prevalentemente alla contabilità.
Grano.
Capre.
Ore di lavoro.
Tasse.
Consegne.

I primi scribi non registravano miti.
Registravano inventari.

La scrittura non nacque dal desiderio di esprimersi.
Ma dalla necessità di controllo.

Prima che gli uomini gestissero idee, gestivano le scorte.

La prima scatola nera

Per il contadino comune, i meccanismi amministrativi del tempio erano difficilmente comprensibili.
Lui sapeva:

- Consegna il grano.
- Il tempio distribuisce le risorse.
- Vengono prese decisioni.

Ma la logica completa del sistema rimaneva nascosta.
Solo poche persone capivano:

- i registri
- i calcoli
- la pianificazione delle scorte
- le chiavi di distribuzione

Qui emerge qualcosa che esiste ancora oggi:
La scatola nera.

Un sistema i cui risultati sono visibili, ma il cui funzionamento interno rimane accessibile solo a una piccola élite.
La società moderna pensa che le scatole nere siano un prodotto dell'era dei computer.
In verità, hanno accompagnato la civiltà fin dai suoi inizi.

La nascita della classe esperta

Con la complessità nacque un nuovo gruppo sociale.
Non i più forti.

Non i più ricchi.
Ma coloro che dominavano l'informazione.

Gli scribi della Mesopotamia richiedevano spesso anni di formazione.
Imparavano:

- segni
- calcoli
- procedure amministrative

La maggioranza della popolazione rimaneva analfabeta.
Così emerse un divario informativo.
Questo divario si trasformò in potere.

Gli scribi divennero le prime élite della conoscenza della storia.
Furono gli antenati di:

- burocrati moderni
- economisti
- statistici
- programmatori
- scienziati dei dati

Gli strumenti cambiarono.
La funzione rimase la stessa.

Perché gli esseri umani accettano sistemi invisibili

Qui incontriamo una delle domande più importanti di questo libro.

Perché le persone accettano sistemi che non capiscono?

La risposta è sorprendentemente semplice.
Perché questi sistemi funzionano.

Il contadino non aveva bisogno di capire come calcolava il tempio.
Aveva solo bisogno di sperimentare che:

- le scorte erano disponibili
- l'irrigazione funzionava
- il commercio era organizzato

La legittimità nasceva dai risultati.
Non dalla trasparenza.

Questo principio ha accompagnato l'umanità fino ad oggi.
Solo poche persone capiscono:

- le banche centrali
- i mercati finanziari globali
- la produzione di semiconduttori
- le reti neurali

Tuttavia, accettiamo la loro esistenza.
Perché producono risultati.

Il mondo moderno si basa sulla fiducia in sistemi che non possiamo comprendere appieno.

Il contratto invisibile della civiltà

Ogni società complessa si basa su uno scambio silenzioso.
La maggioranza rinuncia alla comprensione completa.
Una minoranza si assume l'amministrazione e l'organizzazione.

In cambio promette:

- ordine
- stabilità
- prosperità

Questo contratto è stato la base di:

- imperi antichi
- stati medievali
- democrazie moderne

Ma contiene un rischio.
Maggiore è l'asimmetria informativa, maggiore è il potere degli amministratori.
A un certo punto, la società non capisce più come funzionano i sistemi che la sostengono.
Allora nasce la dipendenza.

Dall'amministrazione del tempio all'algoritmo

A prima vista, tra un sacerdote mesopotamico e uno sviluppatore di intelligenza artificiale sembrano esserci mondi di differenza.

Tuttavia, strutturalmente entrambi svolgono lo stesso ruolo.

Entrambi gestiscono la complessità.
Entrambi traducono la realtà in simboli astratti.
Entrambi prendono decisioni basate su informazioni che altri non comprendono appieno.

La differenza sta solo nel mezzo.
Il sacerdote lavorava con tavolette d'argilla.
Lo sviluppatore lavora con database.
Il tempio gestiva il grano.
L'algoritmo gestisce il capitale.

La logica rimane sorprendentemente simile.

La vera invenzione

La più grande invenzione della Mesopotamia non fu né la scrittura né la città.
Fu la realizzazione che le società possono essere organizzate attraverso strutture informative.

Questa scoperta cambiò la storia umana più profondamente di molte guerre o dinastie.
Perché da quel momento in poi, il potere divenne sempre più invisibile.
Migrò:
dal muscolo all'informazione,
dal guerriero all'amministratore,
dal sovrano visibile al sistema invisibile.

La storia della civiltà non è quindi solo la storia di re e imperi.
È la storia di quegli ordini nascosti che determinano chi sa, chi decide e chi obbedisce.

Capitolo 2 – I sacerdoti dei numeri

Come la matematica divenne il linguaggio invisibile del potere

"Chi domina i numeri, domina i modelli. Chi domina i modelli, domina le decisioni. Chi domina le decisioni, domina il mondo."

La seconda rivoluzione del potere

Nel capitolo precedente abbiamo visto come le prime alte culture abbiano prodotto una nuova forma di dominio: il dominio attraverso l'informazione.
Ma l'informazione da sola non crea ordine.
Le liste, i registri di inventario e i registri fiscali possono raccogliere dati, ma non spiegano il mondo.

Con la crescita delle prime civiltà, emerse un nuovo bisogno:
Non solo sapere ciò che è.
Ma riconoscere perché accade.

Qui inizia la seconda grande rivoluzione del potere.
La nascita della matematica come linguaggio universale della realtà.

La scoperta dei modelli nascosti

Per i popoli dell'antichità, il mondo era pieno di apparenti coincidenze.

- Le stagioni cambiavano.
- I fiumi straripavano.
- Le stelle vagavano per il cielo.
- I raccolti riuscivano o fallivano.

Ma a un certo punto, alcuni osservatori riconobbero qualcosa di sorprendente:
Dietro il caos si nascondevano regolarità.

Il sole appariva in cicli fissi.
La luna seguiva fasi ricorrenti.
I pianeti si muovevano secondo schemi.

Il mondo non era completamente caotico.
Era ordinato.
E questo ordine poteva essere descritto.
Con i numeri.

La nascita dell'élite matematica

Così emerse una nuova forma di conoscenza.
Mentre i sacerdoti della Mesopotamia gestivano le scorte, altri iniziarono a indagare la struttura stessa della realtà.

I primi astronomi non erano scienziati nel senso moderno.
Erano tecnologi del potere.

Chi controllava il calendario controllava:

- la semina
- il raccolto
- le feste religiose
- le scadenze fiscali

La capacità di prevedere i movimenti celesti conferiva autorità.
Non perché fosse magica.
Ma perché funzionava.

La previsione divenne la prima forma di potere scientifico.

Pitagora e il misticismo del numero

Ciò diventa particolarmente evidente con il pensatore greco Pitagora.
Oggi lo si ricorda per un teorema geometrico.
Tuttavia, la sua scuola era molto più di un'accademia

matematica.
Era una dottrina segreta.

Per Pitagora, i numeri non erano strumenti.
Erano la sostanza nascosta dell'universo.

I pitagorici credevano:
Tutto è numero.
Musica.
Geometria.
Astronomia.
Politica.
Persino l'anima.

Dietro tutti i fenomeni sospettavano relazioni matematiche.
Questa idea può sembrare esotica oggi.
In verità, costituisce il fondamento della scienza moderna.
E in ultima analisi, anche dei mercati finanziari moderni.

Il potere della previsione

I sovrani dell'antichità compresero rapidamente il valore della conoscenza matematica.
Un generale che poteva calcolare i movimenti delle truppe possedeva vantaggi.
Un costruttore che capiva la statica poteva erigere monumenti.
Un amministratore che poteva prevedere i raccolti aumentava le entrate fiscali.

La matematica divenne così una tecnologia del futuro.
Permise per la prima volta:

- pianificazione
- simulazione
- previsione

Queste sono le stesse funzioni che oggi svolgono gli algoritmi moderni.
Gli strumenti sono cambiati.
La logica no.

I numeri come nuova autorità

Avvenne un profondo cambiamento.
In precedenza, il potere era legittimato da:

- lignaggio
- religione
- tradizione

Con la diffusione del pensiero matematico emerse una nuova fonte di autorità:
Il calcolo.

Non solo il re aveva ragione.
Ma sempre più colui il cui modello poteva descrivere meglio la realtà.

Qui risiede una delle radici delle tecnocrazie moderne.
La legittimazione si sposta:

dalla verità divina
alla precisione matematica.

L'invenzione della probabilità

Fino al Medioevo, la matematica rimase principalmente la scienza del misurabile.
Poi accadde qualcosa di rivoluzionario.
La gente iniziò a calcolare il caso stesso.

Dalle questioni del gioco d'azzardo si sviluppò la teoria della probabilità.
I lavori di pensatori come Blaise Pascal e Pierre de Fermat portarono a un'intuizione che avrebbe cambiato il mondo moderno:
Persino l'incertezza ha una struttura.
Il caso non è assenza di ordine.
Segue leggi statistiche.

Questa scoperta cambiò tutto.
Assicurazioni.
Mercati finanziari.
Economie.
Previsioni demografiche.
Strategie militari.

Gli Stati moderni divennero sempre più macchine per l'amministrazione della probabilità.

La misurazione della società

Nei secoli XVIII e XIX emerse un'altra rivoluzione.
I governi iniziarono a contare sistematicamente la loro popolazione.
Nascite.
Morti.
Tasse.
Professioni.
Malattie.

Per la prima volta, la società stessa divenne un oggetto matematico.
Qui nasce la statistica.
Il termine deriva da *stato* (dal latino *status*).
Originariamente, la statistica significava:
conoscenza sullo Stato.

La popolazione divenne un paesaggio di dati.
Le persone divennero variabili.
La società divenne calcolabile.

La nascita dell'oracolo moderno

Le culture antiche consultavano oracoli.
Le società moderne consultano modelli.
La differenza sembra enorme.
Tuttavia, strutturalmente esistono parallelismi sorprendenti.

Entrambi promettono:

- orientamento
- previsione
- supporto decisionale

Quando oggi le banche centrali pubblicano previsioni, quando gli economisti creano modelli di crescita o i sistemi di rischio valutano i mercati finanziari, accade qualcosa di simile a quanto avveniva nei santuari antichi:
Il futuro viene tradotto in un linguaggio che solo gli specialisti comprendono appieno.
La differenza non sta nella funzione.
Ma nella metodologia.

La religione invisibile della modernità

Il mondo moderno si considera secolare.
Tuttavia possiede i propri sistemi di credenze.
Uno di essi è la credenza nel numero.

Spesso ci fidiamo più dei numeri che delle persone.
Quando un esperto dice:
"Io credo..."
rimaniamo scettici.
Quando dice:
"I dati mostrano..."
tendiamo a fidarci di più.

I numeri creano un'aura di oggettività.
Ma sono sempre selezionati, interpretati e modellati dagli esseri umani.

Il numero appare neutrale.
La sua applicazione non lo è mai.

Dalla matematica all'algoritmo

Lo sviluppo della matematica portò infine a una conseguenza radicale.
Se il mondo è matematicamente descrivibile,
e se le macchine possono eseguire operazioni matematiche più velocemente degli umani,
allora le macchine possono prendere certe decisioni meglio dei loro creatori.

Qui inizia la linea diretta con i temi di questo libro.
Perché gli algoritmi non sono esseri estranei.
Sono l'ultima incarnazione di un'antica idea:

La speranza che l'ordine possa essere ottenuto dal calcolo.
Dall'astronomo babilonese, attraverso il mistico pitagorico, fino allo sviluppatore di intelligenza artificiale,
si estende un filo comune:
Dietro il mondo visibile esistono modelli.
Chi riconosce questi modelli ottiene potere.

La nascita del nuovo sacerdozio

Nel XXI secolo stiamo assistendo al ritorno di una figura antica.
Non più nel tempio.

Non più in un osservatorio.
Non più in un'amministrazione reale.
Ma in centri dati, laboratori di ricerca e istituzioni finanziarie.

I nuovi sacerdoti non indossano tonache.
I loro strumenti sono:

- modelli
- algoritmi
- set di dati
- reti neurali

Tuttavia, la loro funzione sociale assomiglia a quella dei loro predecessori storici.
Interpretano una realtà che è diventata troppo complessa per la maggior parte delle persone.
Traducono il caos in previsioni.
E modellano decisioni che influenzano la vita di milioni di persone.

Capitolo 3 – La nascita dell'alchimia finanziaria

Come i numeri divennero denaro, il denaro potere e il potere un sistema invisibile

"L'alchimista voleva trasformare il piombo in oro. Il banchiere scoprì qualcosa di molto più potente: la capacità di trasformare le promesse in ricchezza."

La grande trasformazione

La storia della civiltà conosce molte rivoluzioni.
L'agricoltura trasformò la natura in rendita.
La scrittura trasformò la memoria in informazione.
La matematica trasformò l'osservazione in calcolo.

Ma a un certo punto emerse un'innovazione ancora più profonda.
La scoperta che i valori possono esistere senza essere materialmente presenti.

Questo momento segna la nascita di quello che oggi chiamiamo sistema finanziario.
E allo stesso tempo, la nascita di una nuova forma di potere invisibile.

L'enigma del denaro

Quasi ogni persona usa il denaro.
Pochi capiscono cosa sia realmente.

La maggior parte immagina il denaro come qualcosa di concreto:

- monete
- oro
- argento
- banconote

Tuttavia, storicamente questi sono solo supporti.
La vera essenza del denaro sta altrove.

Il denaro è fiducia.
Niente di più.
E niente di meno.

Una moneta d'oro non possiede un valore intrinseco che spieghi il suo potere d'acquisto.
Una banconota è carta stampata.
Un saldo di conto digitale è solo un record di dati.

Il loro potere deriva dalla credenza condivisa nella loro validità.
La storia del sistema finanziario non è quindi principalmente una storia di ricchezza.
È una storia di sistemi di credenze organizzati.

I primi sacerdoti finanziari

Già in Mesopotamia, templi e palazzi svilupparono primi sistemi di credito.
Si prestava grano.
Si finanziavano i raccolti in anticipo.
Si documentavano i debiti.

La maggior parte delle persone non riconosce ancora in questo la finanza moderna.
Ma l'idea di base era già presente:
Un valore futuro veniva spostato nel presente.

Qui nacque una delle scoperte più consequenziali della storia umana:
Il futuro può essere scambiato.

La magia della promessa

Immaginiamo un contadino.
Ha bisogno di sementi.
Ma il raccolto arriverà solo mesi dopo.

Un prestito risolve questo problema.
Il prestatore accetta una promessa.
Non esiste ancora grano.
Non esiste ancora profitto.
Eppure il risultato atteso acquista realtà economica già oggi.

Questa idea apparentemente semplice cambia tutto.
Perché permette per la prima volta:

- investimenti
- espansione
- commercio attraverso il tempo
- crescita economica

Dal punto di vista dell'antichità, questo sembra quasi magico.
Valori inesistenti generano azioni reali.

L'alchimia del futuro

I classici alchimisti cercavano la pietra filosofale.
Volevano trasformare la materia.

Il mondo finanziario scoprì un'altra forma di trasmutazione.
Trasformò il tempo in capitale.

Ogni prestito è essenzialmente una scommessa sul futuro.
Ogni investimento è una valutazione di possibilità.
Ogni prezzo di mercato contiene aspettative su eventi che non sono ancora accaduti.

I mercati finanziari divennero così macchine per calcolare il futuro.
Molto prima che esistessero i computer.

I Medici e l'architettura della fiducia

Nell'Europa del Medioevo e del Rinascimento, questo sviluppo assunse nuove forme.
Diventa particolarmente evidente con la famiglia di Cosimo de' Medici e la banca dei Medici.

La loro vera innovazione non risiedeva nel possesso dell'oro.
Ma nell'organizzazione della fiducia.

Un mercante poteva depositare denaro a Firenze.
E accedervi a Bruges o Londra.
Non perché l'oro veniva trasportato.
Ma perché esisteva una rete di accordi.

La ricchezza materiale passò sempre più in secondo piano.
L'informazione divenne più importante del metallo.

La smaterializzazione del potere

Qui inizia un modello che continua fino ai giorni nostri.
Più il sistema finanziario diventava complesso, meno dipendeva da risorse fisiche.

Il potere migrò:
dall'oro
ai documenti,
dai documenti
ai libri contabili,
dai libri contabili
ai computer,
dai computer
agli algoritmi.

La storia del sistema finanziario è anche la storia della crescente smaterializzazione del potere.

L'invenzione della banca centrale

Con l'ascesa degli Stati moderni emerse una nuova sfida.
Chi controlla la fiducia stessa?

La risposta fu:
Le banche centrali.

Istituzioni come la Banca d'Inghilterra crearono un nuovo ordine.
Non più singoli banchieri garantivano la stabilità.
Ma le istituzioni.

Così emerse una nuova forma di credenza collettiva.
Le persone non si fidavano più di singoli individui.
Ma di sistemi astratti.

Questo segna un passo cruciale verso l'architettura finanziaria moderna.

Il carattere invisibile del denaro

Più i sistemi finanziari avevano successo, più i loro meccanismi diventavano invisibili.
Oggi la maggior parte dei cittadini non capisce:

- la creazione di moneta
- il mercato interbancario
- i titoli di Stato
- i derivati
- i bilanci delle banche centrali

Tuttavia, si fidano di questi sistemi.
Perché?
Perché funzionano.
O almeno danno l'impressione di funzionare.

Qui incontriamo ancora una volta il modello di base dell'ordine nascosto:
La legittimità non nasce dalla comprensione.
Ma dalla stabilità.

La nascita della matematica finanziaria

Nei secoli XIX e XX, il mondo dei numeri si fonde con il mondo del denaro.
I matematici entrano nei mercati finanziari.
Le compagnie di assicurazione calcolano i rischi.
Le banche modellano i default.
Gli investitori analizzano le probabilità.

Il mondo finanziario inizia a parlare il linguaggio della matematica.
Ciò cambia il suo carattere fondamentalmente.
Il denaro non viene più solo amministrato.
Viene modellato.

Il sogno della previsione perfetta

Con ogni nuovo metodo matematico cresce un vecchio sogno:
Rendere calcolabile il futuro.

Se i rischi possono essere misurati,
allora possono essere controllati.
Se i mercati possono essere modellati,
allora possono essere ottimizzati.

Se il comportamento può essere previsto,
allora i profitti possono essere massimizzati.

Questo sogno ha guidato lo sviluppo del mondo finanziario moderno fino ad oggi.
È la vera forza trainante dietro:

- l'econometria
- la teoria del portafoglio
- i modelli di rischio
- l'intelligenza artificiale
- l'ottimizzazione quantistica

La metafisica nascosta del mercato

Col tempo, il mercato inizia ad assumere caratteristiche che vanno ben oltre la sua funzione economica.
Diventa la massima autorità di valutazione.
Le decisioni politiche vengono misurate su di esso.
Le aziende si orientano su di esso.
Gli Stati temono le sue reazioni.

I governi parlano di:

- fiducia del mercato
- aspettative del mercato
- sentiment del mercato

Quasi come se il mercato possedesse una volontà propria.
Il mercato diventa la divinità moderna dell'economia.
Non perché le persone lo adorino.
Ma perché si sottomettono ai suoi giudizi.

Il primo grande errore

Tuttavia, qui sorge una pericolosa illusione.
La gente inizia a credere:
Se i modelli diventano abbastanza complessi, l'incertezza scomparirà.

La storia smentisce ripetutamente questa speranza.
Ogni crisi finanziaria insegna la stessa lezione:
La complessità non elimina l'incertezza.
La sposta soltanto.
Spesso in luoghi che nessuno vede più.

Gli alchimisti della modernità

Nel Medioevo, gli alchimisti lavoravano in segreto.
Cercavano formule segrete.

Oggi esiste una nuova classe di alchimisti.
I loro laboratori sono:

- banche d'investimento
- hedge fund
- centri di ricerca
- centri dati

I loro strumenti sono:

- modelli
- algoritmi
- dati
- simulazioni

La loro missione rimane sorprendentemente simile.
Cercano di generare ricchezza dalla conoscenza.
Prevedibilità dall'incertezza.
Il presente dal futuro.

Dall'alchimia finanziaria all'economia delle macchine

La storia di questo capitolo mostra un cambiamento decisivo.
Originariamente, il potere risiedeva nel possesso.
Poi nell'informazione.
Poi nel calcolo.

Ora inizia una nuova fase.
Le macchine assumono sempre più quei compiti un tempo riservati agli alchimisti finanziari.
I modelli diventano più complessi.
I calcoli più veloci.
Le decisioni più autonome.

Passo dopo passo, l'essere umano si allontana dal centro del sistema.

Osservazione conclusiva

La più grande innovazione della storia finanziaria non fu il denaro.
Non la banca.

Non la borsa.
Fu la scoperta che il futuro è negoziabile.

Questa scoperta creò il mondo moderno.
Ma allo stesso tempo produsse un sistema i cui meccanismi interni sono sempre più difficili da comprendere.

L'alchimia finanziaria iniziò come l'arte di organizzare la fiducia.
Oggi si sta sviluppando verso la scienza della previsione algoritmica.

Ed è proprio lì che inizia la prossima grande trasformazione.
Perché se il futuro può essere calcolato, sorge una nuova domanda:
Cosa succede quando non sono più gli umani, ma le macchine a calcolare il futuro?

Con questa domanda entriamo nella sezione successiva del nostro viaggio:
Le macchine prendono il sopravvento.

Capitolo 4 – La morte del trader di sala

Come le macchine entrarono nel mercato e l'uomo divenne spettatore

"C'è stato un tempo in cui il mercato era un luogo. Oggi è un processo."

La fine di un'epoca

Quando le persone pensano alle borse valori, vedono spesso le stesse immagini:
Uomini con giacche colorate.
Gesti frenetici.
Trader che urlano.
Fogli di carta.
Telefoni.
Un'atmosfera di caos controllato.

Queste immagini hanno plasmato per oltre un secolo l'idea di come funzionano i mercati.
Ma questo mondo non esiste quasi più.
Non è stato distrutto da una crisi.
Non da una rivoluzione.
Non da una legge.
È scomparso silenziosamente.
Linea dopo linea.
Terminale dopo terminale.
Algoritmo dopo algoritmo.

La morte del trader di sala non fu un evento.
Fu un processo.
E con esso iniziò uno dei più grandi spostamenti di potere nella storia economica.

La borsa come teatro della modernità

Le borse classiche erano molto più che luoghi di scambio.
Erano messe in scena pubbliche del potere economico.

Chi entrava nel parquet entrava in uno spazio simbolico.
Lì si incontravano:

- banche
- aziende
- trader
- speculatori

Il mercato aveva volti.
Si poteva osservare:

- paura
- avidità
- panico
- euforia

La psicologia umana era visibile.
La borsa era un palcoscenico su cui le emozioni del capitalismo venivano rappresentate pubblicamente.

L'illusione del controllo umano

Questo mondo produceva una potente nozione:
Che i mercati sono fatti dagli umani.

Il trader era visto come la figura centrale.
Osservava.
Valutava.

Decideva.
Agiva.

Il pubblico immaginava il mercato come la somma di decisioni individuali.
Ma anche in questa fase, la realtà era più complessa.
Perché dietro ogni trader c'erano:

- banche
- regole
- reti
- sistemi informativi

Gli attori visibili erano solo la superficie di una struttura più profonda.

Il computer entra in scena

Negli anni '70 e '80 inizia una rivoluzione silenziosa.
I computer diventano abbastanza potenti da elaborare i dati finanziari elettronicamente.

All'inizio sembrano innocui.
Aiutano con:

- contabilità
- analisi dei dati
- calcolo dei prezzi

Nessuno parla di presa di potere.
Il computer sembra uno strumento.

Un assistente.
Un aiuto.

Ma ogni supporto tecnico contiene una dinamica nascosta:
Ciò che prima supporta, poi inizia a sostituire.

La nascita dei mercati elettronici

Con l'emergere delle piattaforme di trading elettronico, la natura del mercato cambia fondamentalmente.
All'improvviso, la presenza fisica non è più necessaria.
Il trader non deve più stare nel parquet.
Basta un terminale.
Poi una rete.
Poi un software.
Poi un algoritmo.

Con ogni passo, l'umano viene allontanato dal processo di trading reale.
Il mercato perde il suo luogo.
Diventa digitale.

La velocità come nuova moneta

Per molto tempo, la concorrenza si basava sulla conoscenza.
Chi aveva informazioni migliori vinceva.

Con la digitalizzazione emerge una nuova risorsa:
Velocità.
Non secondi.
Non millisecondi.
Ma microsecondi.
Più tardi, nanosecondi.

All'improvviso, inizia una corsa che cambia la logica dei mercati.
La domanda non è più:
Chi sa di più?
Ma:
Chi reagisce più velocemente?

Il tempo diventa una merce.

L'emergere del trading ad alta frequenza

Da questa corsa nasce il trading ad alta frequenza.
High Frequency Trading.
HFT.
Una nuova specie del mercato.

Questi sistemi analizzano:

- prezzi
- volumi
- notizie
- libri degli ordini

e reagiscono in tempi che sono diventati irrilevanti per gli esseri umani.

Un battito di ciglia umano dura circa 300 millisecondi.
Nello stesso tempo, i moderni sistemi di trading possono prendere milioni di decisioni.

Per la prima volta emerge un'asimmetria fondamentale.
L'umano non solo perde velocità.
Perde la sua rilevanza.

Il momento del disempowerment

Non c'è un singolo giorno in cui le macchine hanno preso il controllo.
Ma a un certo punto divenne chiaro:
L'umano non può più competere.
Non perché sia più stupido.
Ma perché è biologicamente limitato.

Il sistema nervoso umano ha una velocità fissa.
La macchina non conosce questo limite.

La concorrenza non finisce con questo.
Diventa insignificante.
È come mettere un corridore contro la luce.

Il mercato cessa di essere umano

A questo punto accade qualcosa di più profondo della semplice automazione.
La logica del mercato cambia.

Gli umani agiscono in base a:

- aspettative
- credenze
- narrazioni
- emozioni

Le macchine agiscono in base a:

- modelli
- probabilità
- funzioni di ottimizzazione
- stati matematici

Il mercato inizia a rispondere a segnali che non erano mai stati destinati alla percezione umana.
È sempre più controllato da un linguaggio che gli umani non possono né vedere né capire intuitivamente.

Il Flash Crash come rivelazione

Il 6 maggio 2010 accade qualcosa che sembra uno sguardo dietro il sipario.
In pochi minuti, i mercati statunitensi perdono temporaneamente quasi un trilione di dollari di valore.
Poi si riprendono.

Molte persone vivono questo momento come uno shock.
Non per le perdite.
Ma per una realizzazione:

Nessuno capì completamente cosa fosse appena successo.

Le macchine reagirono alle macchine.
Gli algoritmi amplificarono gli algoritmi.
Il mercato iniziò a comunicare con se stesso.
Gli umani divennero osservatori di un processo che non controllavano più.

Il Flash Crash non fu semplicemente un problema tecnico.
Fu un evento filosofico.

La nascita dei mercati a scatola nera

Più i sistemi diventano complessi, più difficile è la loro tracciabilità.
In passato, un trader poteva spiegare:
Perché ha comprato.
Perché ha venduto.
Perché ha corso un rischio.

Una rete neurale spesso non può farlo.
Un modello auto-apprendente prende decisioni basate su relazioni ad alta dimensione.
La decisione è visibile.
La motivazione scompare.

Qui emerge il mondo finanziario che abbiamo chiamato "esoterismo algoritmico" nel prologo.

La nuova élite

Con la scomparsa del trader di sala, il potere non scompare.
Si sposta.

I vincitori del nuovo ordine non sono più gli attori più rumorosi.
Ma coloro che:

- sviluppano modelli
- possiedono dati
- controllano i centri dati
- ottimizzano le reti

Il trader classico viene sostituito da:

- analisti quantitativi
- matematici
- fisici
- informatici

La borsa si trasforma da mercato in laboratorio.

Il mercato invisibile

Oggi, il mercato esiste in gran parte al di fuori della percezione umana.
Non sugli schermi.
Non nelle notizie.
Ma nei centri dati.
Tra server.

Nei cavi in fibra ottica.
Nei pacchetti di dati.

Il mercato moderno non è più un luogo.
È un'infrastruttura.
Un'operazione di calcolo globale e permanente.

Il vero significato della morte

La morte del trader di sala non significa solo la fine di una professione.
Segna la fine di una visione del mondo.

Per secoli abbiamo creduto:
I mercati sono luoghi di decisioni umane.

Oggi dobbiamo riconoscere:
I mercati si stanno evolvendo in sistemi di interazioni tra macchine.

Gli umani rimangono proprietari.
A volte regolatori.
Spesso spettatori.
Ma sempre più raramente attori diretti.

Osservazione conclusiva

La storia dei mercati finanziari non è solo una storia di denaro.
È la storia dello spostamento del potere decisionale.

Dal mercante al banchiere.
Dal banchiere al matematico.
Dal matematico all'algoritmo.

La morte del trader di sala fu quindi più di un cambiamento tecnologico.
Fu il momento in cui il mondo finanziario iniziò a staccarsi dai limiti della percezione umana.

Ed è proprio qui che inizia la fase successiva della nostra indagine:
Non più la questione se le macchine possano agire.
Ma:
Cosa succede quando la velocità stessa diventa la forma dominante di potere?

Con ciò entriamo nell'era del trading ad alta frequenza – la conquista del tempo.

Capitolo 5 – Alta frequenza e la conquista del tempo

Come i microsecondi divennero la risorsa più preziosa del mondo finanziario

"In passato, i trader competevano per la conoscenza. Oggi, le macchine competono per il tempo."

L'ultima frontiera

Ogni epoca possiede la sua risorsa decisiva.
Per le società agrarie era la terra.
Per le società industriali era l'energia.
Per l'era dell'informazione erano i dati.

Ma nel trading ad alta frequenza appare una nuova risorsa, ancora più fondamentale:
Il tempo.
Non il tempo in senso umano.
Non ore.
Non giorni.
Nemmeno secondi.

Ma il tempo come grandezza fisica.
Il tempo come distanza misurabile tra segnale e decisione.

L'invisibilità della velocità

Per gli umani, la velocità esiste solo fino a un certo punto.
Notiamo la differenza tra un minuto e un'ora.
Tra un secondo e un minuto.
Ma da qualche parte la nostra percezione finisce.

Nessuno può cogliere intuitivamente cosa significhi un microsecondo.
Un microsecondo è un milionesimo di secondo.
Un nanosecondo è un miliardesimo.

In questi regni, l'esperienza umana perde il suo fondamento.

Entriamo in un mondo completamente meccanico.
Lì non esistono emozioni.
Nessuna riflessione.
Nessuna intuizione.
Solo segnali.

La scoperta del vantaggio temporale

I primi trader algoritmici notarono qualcosa di sorprendente.
La differenza tra profitti e perdite spesso non risiedeva in migliori analisi.
Ma in un'esecuzione più rapida.

Se due partecipanti al mercato possiedono le stesse informazioni, spesso vince chi agisce per primo.
Questo sembra banale.
Ma le conseguenze furono rivoluzionarie.

All'improvviso, ogni millisecondo divenne un asset.
La velocità divenne negoziabile.

La fisica prende il sopravvento sull'economia

Fino a questo punto, la finanza era principalmente una disciplina matematica.
Ora entra in scena una nuova scienza:
La fisica.

Il trading ad alta frequenza obbliga gli attori finanziari a confrontarsi con domande un tempo riservate agli ingegneri:

- Quanto velocemente viaggia la luce?
- Quanto è lungo un cavo in fibra ottica?
- Quale percorso prende il segnale?
- Quanto ritardo causa l'hardware?

Il mercato inizia ad avvicinarsi alle leggi della relatività più che a quelle dell'economia classica.
Non vince il trader più intelligente.
Ma spesso colui il cui segnale arriva per primo.

La geografia della velocità

Con il trading ad alta frequenza, il significato dello spazio cambia.
In passato, la distanza tra i partecipanti al mercato contava poco.
Oggi può costare milioni.

Ecco perché emergono nuove forme di potere infrastrutturale:

- I server vengono posizionati accanto alle borse (co-ubicazione).
- I cavi in fibra ottica vengono raddrizzati.
- I collegamenti a microonde tagliano i paesaggi.
- I centri dati sorgono in nodi strategici.

La vicinanza al mercato diventa essa stessa un bene di mercato.
Chi è più vicino vede prima.
Chi vede prima, agisce prima.

La guerra per i nanosecondi

Nei secoli passati, le guerre venivano combattute per i territori.
Nel trading ad alta frequenza inizia una guerra per i nanosecondi.

Le aziende investono miliardi per ottenere minime vantaggi temporali.
Alcuni esempi sembrano quasi assurdi:

- Perforazioni attraverso montagne per accorciare i cavi.
- Collegamenti radio speciali su lunghe distanze.
- Comunicazione satellitare proprietaria.
- Processori progettati su misura.

Da una prospettiva umana, questo appare irrazionale.
Perché investire miliardi per guadagnare microsecondi?
La risposta è:
Perché in un mercato di miliardi di transazioni, anche i vantaggi minimi hanno effetti esponenziali.

La nuova forma di conoscenza

Tradizionalmente, la conoscenza era un contenuto.
Qualcosa che si capiva.

Nel trading ad alta frequenza emerge una nuova forma di conoscenza.
Non:
Cosa sai?
ma:
Quando lo sai?

Il vantaggio temporale diventa più importante del contenuto dell'informazione.
Un segnale che arriva pochi microsecondi prima possiede valore economico.
Il tempo diventa informazione.
L'informazione diventa capitale.

Il mercato come sistema nervoso

Con l'aumento della velocità, il mercato inizia ad assumere le caratteristiche di un sistema biologico.
Assomiglia sempre meno a un luogo di scambio.
E sempre più a un sistema nervoso.

Nascono segnali.
Vengono trasmessi.
Innescano reazioni.
Nascono nuovi segnali.
Seguono nuove reazioni.

Questo ciclo avviene ininterrottamente.
Miliardi di volte.

Il mercato sviluppa riflessi.
Non nel senso umano.
Ma come proprietà emergente di algoritmi in rete.

La nascita dell'ecologia delle macchine

Un cambiamento cruciale spesso passa inosservato.
Gli algoritmi non agiscono più principalmente contro gli umani.
Agiscono l'uno contro l'altro.

La maggior parte dei segnali è generata da macchine.
La maggior parte delle reazioni è eseguita da macchine.
La maggior parte della comunicazione di mercato avviene tra macchine.

L'umano esce sempre più dal ciclo.
Nasce un nuovo ordine ecologico:
Un'ecologia delle macchine.

All'interno di questo ordine, i sistemi competono per:

- velocità
- efficienza
- potere predittivo

L'umano diventa un osservatore distante.

L'illusione dell'efficienza perfetta

I sostenitori del trading ad alta frequenza spesso sostengono:
Più velocità significa mercati migliori.

Certamente, l'HFT porta reali vantaggi:

- spread più bassi
- maggiore liquidità
- formazione più rapida dei prezzi

Ma questi vantaggi hanno un lato oscuro.
Più i mercati vengono ottimizzati, più possono reagire sensibilmente ai disturbi.

Un sistema altamente ottimizzato ha spesso meno tolleranza ai guasti.
Come un'auto da corsa è più potente ma più fragile di un camion.

Il Flash Crash come collasso del tempo

Il Flash Crash del 2010 rivela questo problema.
In pochi minuti, i prezzi crollano.
Poi si stabilizzano di nuovo.

Ma più importante delle perdite è la causa.
La velocità stessa diventa il rischio.

Gli algoritmi reagiscono agli algoritmi.
I cicli di retroazione amplificano i segnali.
La dinamica si sviluppa più velocemente di quanto gli umani possano intervenire.

I tempi del processo decisionale umano diventano irrilevanti.
Si verifica un collasso del tempo.
Il mercato si muove a un livello al di fuori del controllo umano.

L'emergere di una nuova ontologia

L'economia tradizionale vede i mercati come luoghi di scambio.
Il trading ad alta frequenza cambia questa visione.

Il mercato diventa un campo informativo.
I prezzi non sono più solo valutazioni.
Diventano segnali.
La liquidità diventa informazione.
La volatilità diventa comunicazione.

Il mercato si trasforma in un gigantesco sistema di calcolo distribuito.
Una macchina globale per elaborare le aspettative.

Il significato filosofico della velocità

Qui raggiungiamo un punto più profondo.
Il trading ad alta frequenza non cambia solo i mercati.
Cambia la relazione tra l'essere umano e la realtà.

Per migliaia di anni, la percezione umana è stata la base di tutte le decisioni.

Ora emergono processi che operano completamente al di fuori di questa percezione.

Ciò significa:
Il potere inizia a staccarsi dall'esperienza.

In passato, un trader poteva osservare, capire e agire.
Oggi, l'azione spesso avviene prima della comprensione.
La macchina reagisce.
L'umano interpreta solo dopo.
L'ordine si inverte.

La conquista del tempo

Storicamente, gli imperi conquistavano:

- territori
- rotte commerciali
- risorse

Il trading ad alta frequenza conquista qualcosa di più fondamentale:
Il tempo stesso.
Non fermandolo.
Ma rendendo sfruttabili economicamente le sue unità più piccole.

Il microsecondo diventa la nuova frontiera dell'espansione economica.
Dove le società passate colonizzavano la terra, il mondo finanziario algoritmico colonizza il tempo.

Il preludio all'esoterismo algoritmico

Ma la velocità da sola non è la fine dello sviluppo.
È solo la preparazione.

La corsa al tempo porta inevitabilmente a una nuova domanda:
Quando la velocità raggiungerà eventualmente i limiti fisici, dove risiederà il prossimo vantaggio?

La risposta è:
Non calcolare più velocemente.
Ma pensare diversamente.

Qui inizia la transizione dalla velocità alla complessità.
Dal trading ad alta frequenza all'intelligenza artificiale.
Dai sistemi reattivi ai sistemi di apprendimento.
Dall'ottimizzazione del tempo all'ottimizzazione della realtà stessa.

Parte II: L'architettura della scatola nera

Capitolo 6 – La società della scatola nera

Come la logica degli algoritmi divenne l'infrastruttura invisibile della modernità

"Il potere più grande non è quello che si nasconde. Il potere più grande è quello che è visibile ma nessuno capisce più."

La fine della spiegabilità

La storia della modernità è stata per lungo tempo la storia di una crescente trasparenza.
L'Illuminismo prometteva:

- conoscenza invece di mito
- scienza invece di superstizione
- ragione invece di autorità

Il presupposto di base era:
Se capiamo meglio il mondo, lo domineremo meglio.

Per secoli, questa speranza sembrò realizzarsi.
Le macchine divennero più complesse.
Le istituzioni crebbero.
Le società divennero più interconnesse.

Ma allo stesso tempo emerse un paradosso inaspettato: Più i nostri sistemi avevano successo, più diventavano difficili da capire.

Oggi viviamo in un mondo le cui decisioni più importanti sono sempre più prese da processi che sfuggono alla comprensione umana.
Stiamo entrando nell'era della scatola nera.

Cos'è una scatola nera?

Il termine proviene originariamente dall'ingegneria.
Una scatola nera è un sistema i cui input e output sono noti, ma il cui funzionamento interno rimane nascosto.

Si vede:

•Cosa entra.
•Cosa esce.

Ma il percorso intermedio rimane oscuro.

Nella tecnologia primitiva, questo era spesso solo una semplificazione pratica.
Con gli algoritmi moderni, diventa un problema strutturale.
Perché la scatola nera non è nascosta perché qualcuno la nasconde.
È nascosta perché la sua complessità supera la ricostruzione umana.

La vecchia e la nuova opacità

Storicamente esistevano due forme di non-sapere.
La prima era il segreto.
I governanti nascondevano informazioni.
I sacerdoti custodivano conoscenze segrete.
I banchieri proteggevano i loro libri.
Questa era una forma politica di opacità.

La seconda forma è nuova.
Nessuno deve nascondere nulla.
Il codice sorgente può essere aperto.
I dati possono essere pubblici.
Eppure il sistema rimane incomprensibile.

Perché?
Perché la complessità stessa è diventata una barriera.

Stiamo vivendo la transizione dalla segretezza all'ipercomplessità.

Il ritorno dell'oracolo

Nell'antichità, le persone consultavano gli oracoli.
Ricevevano risposte la cui origine non potevano comprendere.

Oggi consultiamo motori di ricerca, sistemi di raccomandazione e modelli di IA.
La differenza sembra enorme.
Tuttavia, strutturalmente esistono parallelismi sorprendenti.

Facciamo una domanda.
Riceviamo una risposta.
Ci fidiamo del risultato.
La logica interna rimane nascosta.

Naturalmente, i sistemi moderni si basano sulla matematica, non sulla mitologia.
Ma per l'utente, spesso non fa differenza.
L'esperienza rimane la stessa:
Un'autorità fornisce orientamento senza che il suo processo di pensiero diventi visibile.

La nascita dell'autorità algoritmica

Uno dei cambiamenti più profondi del presente è che le decisioni vengono sempre più delegate a modelli.
In passato, gli umani prendevano decisioni usando informazioni.
Oggi, i sistemi prendono decisioni usando informazioni umane.

Questa differenza sembra piccola.
In verità, cambia la struttura del potere.

Gli esempi si trovano ovunque:

- valutazioni di solvibilità
- premi assicurativi
- selezione dei candidati
- riconoscimento facciale
- diagnosi mediche
- trading finanziario

L'algoritmo diventa un co-decisore silenzioso.
Non come consulente.
Ma sempre più come autorità.

L'invisibilità dell'influenza

La maggior parte delle persone non sperimenta gli algoritmi come dominio.
Li sperimenta come comodità.

Un consiglio su una piattaforma.
Un percorso di navigazione.
Una query di ricerca.
Un suggerimento di prodotto.
Un flusso di notizie personalizzato.

Ma è proprio questa invisibilità che rende la loro influenza così efficace.
Il potere è più efficace quando non viene percepito come potere.

L'utente crede di scegliere liberamente.
Mentre la gamma di scelte è già stata strutturata.
La decisione rimane individuale.
L'ambiente decisionale no.

Dalla statistica alla previsione

La statistica classica descriveva il passato.
I sistemi moderni tentano di prevedere il futuro.
Questa è una differenza fondamentale.

Una rete neurale non è interessata principalmente alla verità.
È interessata alla probabilità di successo.
Non chiede:
Perché accade qualcosa?
Ma:
Cosa è probabile che accada?

Così, la logica della conoscenza si sposta.
La spiegazione diventa meno importante.
La previsione diventa più importante.
La società inizia a valorizzare il potere predittivo più della comprensione.

La crisi della causalità

Qui sorge uno dei problemi centrali del XXI secolo.
Gli umani pensano per cause.
Gli algoritmi pensano per correlazioni.

Un umano chiede:
Qual è la causa di questo evento?
Un modello chiede:
Quali modelli precedono frequentemente questo evento?

La differenza è enorme.
La correlazione non richiede comprensione.
Richiede solo dati sufficienti.

Così emergono sistemi che possono prevedere con successo senza sapere perché accade qualcosa.
Ci stiamo muovendo da una cultura causale a una cultura probabilistica.

La società come ombra di dati

Per fare previsioni, i sistemi devono raccogliere dati.
Molti più dati di quanto le società passate abbiano mai potuto generare.

Ogni clic.
Ogni acquisto.
Ogni movimento.
Ogni query di ricerca.
Ogni interazione.

Da queste tracce emerge una seconda immagine dell'essere umano.
Un gemello digitale.
Un'ombra di dati.

Questa ombra di dati diventa sempre più importante della persona fisica stessa.
Perché i sistemi non prendono decisioni sugli umani.
Prendono decisioni sulle loro rappresentazioni di dati.

La nuova forma di potere

Tradizionalmente, il potere si basava sul controllo delle persone.
Oggi si basa sempre più sul controllo dei modelli.

Chi possiede i modelli:

- interpreta il comportamento,
- valuta i rischi,
- definisce la rilevanza,
- dirige l'attenzione.

Il nuovo potere raramente agisce direttamente.
Plasma le probabilità.
Cambia gli incentivi.
Forma gli spazi decisionali.

Questo lo rende difficile da vedere.
E difficile da attaccare.

I mercati finanziari come pionieri

Come spesso accade, questi sviluppi appaiono prima nel mondo finanziario.
Il trading moderno si basa da tempo su modelli che nessuna singola persona comprende appieno.

Gli algoritmi analizzano:

- movimenti dei prezzi
- flussi di liquidità

- notizie
- segnali sociali
- dati macroeconomici

e generano decisioni in tempo reale.

I mercati finanziari sono quindi il primo ambiente completamente algoritmizzato della modernità. Mostrano ciò che molti altri settori della società potrebbero raggiungere più tardi.

Il paradosso della razionalità

La modernità credeva:
Più dati portano a più razionalità.
Più calcolo porta a più controllo.
Più conoscenza porta a più comprensione.

La realtà si sta sviluppando diversamente.
Più dati spesso generano più complessità.
Più modelli generano più opacità.
Più calcolo genera più dipendenza.

Il risultato è paradossale:
La società più razionale della storia produce nuove forme di non-sapere.

Esoterismo algoritmico

A questo punto, torniamo alla tesi centrale di questo libro.
Esoterismo originariamente significava:
Conoscenza per una cerchia ristretta.

Oggi sta emergendo una nuova forma di questo principio.
Non perché la conoscenza sia tenuta segreta.
Ma perché solo poche persone possiedono le competenze per capire i sistemi.

I nuovi iniziati sono:

- matematici
- scienziati dei dati
- ricercatori di IA
- quant
- architetti di sistemi

Non formano una cospirazione.
Ma formano un'élite di conoscenza.
E ogni élite di conoscenza genera asimmetrie di potere.

L'illusione della neutralità

Uno dei presupposti più pericolosi del nostro tempo è:
Gli algoritmi sono neutrali.

In verità, i modelli contengono sempre decisioni.
Quali dati vengono raccolti?

Quali obiettivi vengono ottimizzati?
Quali rischi vengono accettati?
Quali errori vengono tollerati?

Ognuna di queste decisioni è umana.
L'algoritmo appare oggettivo.
La sua architettura non lo è.

La società nello specchio della macchina

Forse il significato più profondo della scatola nera non risiede nelle macchine stesse.
Ma in ciò che rivelano su di noi.

Gli algoritmi non sono esseri estranei.
Sono condensazioni di decisioni umane.
Condensazioni di valori umani.
Condensazioni di priorità umane.

La scatola nera non riflette solo la nostra tecnologia.
Riflette la nostra società.

Più precisamente guardiamo dentro, più chiaramente riconosciamo:
La vera opacità non sta nel codice.
Sta nelle strutture di potere, negli interessi e nei presupposti che abbiamo inscritto nel codice.

Osservazione conclusiva

La società della scatola nera segna un punto di svolta storico.
Per la prima volta, l'umanità sta creando sistemi che non sono potenti perché esercitano violenza.
Ma perché organizzano la complessità.

La domanda non è quindi più:
Chi detiene il potere?
Ma:
Chi possiede i modelli che determinano come il potere viene esercitato?

Con questa domanda termina la storia delle macchine come strumenti.
E inizia la storia degli algoritmi come strutture di dominio.

Capitolo 7 – Il nuovo Alto Consiglio

Chi controlla l'infrastruttura, controlla la realtà

"Le persone più potenti di un'epoca non sono spesso quelle che governano visibilmente, ma quelle che determinano come vengono prese le decisioni in primo luogo."

La falsa idea del potere

Quando le persone parlano di potere, di solito pensano agli attori visibili.
A:

- presidenti
- ministri
- monarchi
- miliardari
- generali

La storia mostra, tuttavia, uno schema ricorrente:
Gli attori più visibili sono raramente gli unici centri di potere.

Dietro ogni ordine politico esiste un livello più profondo.
Un livello di:

- istituzioni
- reti
- strutture informative
- flussi di risorse

Questo livello spesso determina quali decisioni sono persino possibili.

Nell'era degli algoritmi, il potere si sta spostando ancora una volta.
Non lontano dagli Stati.
Non lontano dalle aziende.
Ma più profondamente nell'infrastruttura della realtà stessa.

L'architettura dietro l'architettura

La maggior parte delle persone sperimenta la tecnologia come una superficie.
Vedono:

- app
- siti web
- motori di ricerca
- social network
- sistemi di pagamento digitali

Ma ogni superficie poggia su una struttura più profonda.
Sotto ogni applicazione esistono:

- centri dati
- reti cloud
- database
- linee di comunicazione
- modelli di IA
- sistemi finanziari

Questa infrastruttura forma il sistema nervoso della civiltà moderna.
Chi controlla questo sistema nervoso influenza molto più che singole aziende.
Influenza le condizioni in cui la società funziona.

La nuova concentrazione del potere

Uno degli sviluppi più sorprendenti del XXI secolo è la concentrazione della potenza di calcolo.
Storicamente, il potere era legato a risorse fisiche:

- terra
- materie prime
- fabbriche
- rotte commerciali

Oggi stanno emergendo nuove risorse:

- dati
- chip
- reti
- modelli
- capacità di calcolo

Queste risorse non sono distribuite uniformemente.
Si concentrano in pochi nodi.
Lì emerge una nuova forma di potere strutturale.
Non attraverso i territori.
Ma attraverso il controllo dell'informazione.

I governanti invisibili dell'infrastruttura

Il mondo moderno è sostenuto da uno strato di attori spesso meno conosciuti dal pubblico di politici o celebrità.
Questi includono:

- operatori di infrastrutture cloud globali
- produttori di chip ad alte prestazioni
- operatori di cavi sottomarini
- fornitori di modelli di IA
- operatori di grandi reti finanziarie

Questi attori determinano:

- quali dati possono essere elaborati,
- quali modelli possono essere addestrati,
- quale potenza di calcolo è disponibile,
- quali mercati sono collegati tra loro.

Non necessariamente controllano il contenuto.
Controllano i prerequisiti della sua esistenza.

Il ritorno della casta sacerdotale

Nel primo capitolo, abbiamo incontrato i sacerdoti della Mesopotamia.
Controllavano:

- la scrittura
- la contabilità
- le scorte
- l'amministrazione

La popolazione non capiva appieno i meccanismi.
Eppure dipendeva da loro.

Nel XXI secolo, questo schema ritorna in una nuova forma.

I nuovi sacerdoti non indossano tonache.
I loro strumenti sono:

- modelli matematici
- linguaggi di programmazione
- reti neurali
- algoritmi quantistici

Come i loro predecessori storici, gestiscono sistemi la cui complessità travolge la maggior parte delle persone.

L'emergere di un'élite tecnocratica

Ogni società produce specialisti.
Ma non tutti i gruppi di specialisti diventano un'élite di potere.

Un'élite emerge dove si incontrano tre condizioni:

1. Conoscenza esclusiva
2. Controllo di risorse critiche
3. Verificabilità limitata

L'élite algoritmica soddisfa tutte e tre le condizioni.
La loro conoscenza è altamente specializzata.
Le loro risorse sono centrali per l'economia e la politica.
E le loro decisioni sono spesso verificabili solo in misura limitata.

Ciò non significa che governino segretamente il mondo.
Significa che possiedono un'influenza sproporzionata sulla struttura del processo decisionale.

Il potere dei modelli

Nei secoli passati, i governanti possedevano eserciti.
Oggi, le istituzioni possiedono modelli.

La differenza è maggiore di quanto sembri a prima vista.
Un modello definisce:

- quali rischi diventano visibili,
- quali opportunità appaiono rilevanti,
- quali azioni vengono raccomandate.

I modelli generano percezione.
E la percezione genera decisioni.

Chi controlla i modelli influenza la realtà che gli altri vedono.

Il mondo finanziario come laboratorio del potere

In nessun luogo ciò è più evidente che nel sistema finanziario.
I flussi di capitale moderni non sono più diretti esclusivamente dagli umani.
Sono filtrati attraverso:

- modelli di rischio
- rating del credito
- algoritmi di trading
- ottimizzazioni di portafoglio

Quando un paese guadagna o perde investimenti, questo spesso non accade solo per decisioni politiche.
Tra l'evento e il flusso di capitale si frappongono i modelli.
I modelli interpretano il mondo.
I mercati reagiscono all'interpretazione.

La nuova forma di feudalismo

Alcuni pensatori parlano oggi di tecnofeudalesimo.
Il termine è controverso, ma indica un'osservazione interessante.

Nel feudalesimo, una piccola élite controllava l'infrastruttura della vita:

- terra
- acqua
- protezione
- commercio

Oggi, nuovi attori controllano:

- dati
- reti
- centri dati
- identità digitali

Il paragone non è perfetto.
Ma rende visibile che il potere sta diventando sempre più infrastrutturale.
Le persone possono possedere i loro dispositivi.

Ma i sistemi da cui questi dispositivi dipendono appartengono per lo più ad altri.

L'oligarchia della potenza di calcolo

Ciò diventa particolarmente evidente nel campo dell'intelligenza artificiale.
I modelli avanzati richiedono:

- enormi quantità di dati,
- hardware specializzato,
- enormi quantità di energia,
- investimenti miliardari.

Questo crea una concentrazione naturale.
Solo poche organizzazioni dispongono delle risorse necessarie.

Questo porta a una situazione paradossale.
Più le tecnologie digitali sembrano democratiche, più spesso l'infrastruttura dietro di esse diventa concentrata.

La dimensione geopolitica

Il nuovo Alto Consiglio non è un singolo organo.
È una rete.

I suoi membri siedono:

- nelle sedi aziendali,
- negli istituti di ricerca,
- nelle banche centrali,
- nei laboratori tecnologici,
- nelle agenzie governative.

I confini tra economia, tecnologia e Stato stanno diventando sempre più permeabili.
La politica dei dati diventa geopolitica.
La produzione di chip diventa politica di sicurezza.
Lo sviluppo dell'IA diventa politica di potere.

L'infrastruttura diventa il campo di battaglia strategico del XXI secolo.

L'invisibilità del dominio moderno

Forse il più grande punto di forza di questo nuovo ordine risiede nella sua invisibilità.
Il dominio storico era visibile.
Le tasse venivano riscosse.
Le leggi venivano promulgate.
I soldati stavano per le strade.

Il potere algoritmico funziona diversamente.
Plasma:

- raccomandazioni
- classifiche
- valutazioni del rischio
- flussi di informazioni
- allocazioni di capitale

Questo spesso accade senza che gli interessati notino l'intervento.
Il potere non risiede nel comando.
Risiede nella configurazione delle possibilità.

La questione della legittimità

Qui incontriamo un problema fondamentale.
Le società democratiche legittimano il potere attraverso:

- elezioni
- leggi
- controllo pubblico

Ma come viene legittimato il potere algoritmico?
Chi elegge i modelli?
Chi controlla i dati di addestramento?
Chi decide gli obiettivi di ottimizzazione?
Chi verifica gli impatti?

Queste domande diventano le questioni politiche centrali del XXI secolo.

L'Alto Consiglio come sistema, non come cospirazione

Sarebbe un errore considerare il nuovo Alto Consiglio come un gruppo segreto.
La realtà è più complessa.

Non esiste un comitato occulto che dirige il mondo.
Piuttosto, il potere sorge dall'intreccio di:

- capitale
- tecnologia
- conoscenza
- infrastruttura

Il nuovo Alto Consiglio non è un'organizzazione.
È una struttura.
Una rete di istituzioni e attori che insieme plasmano le condizioni della realtà moderna.

La vera trasformazione

Il cambiamento più profondo non è che pochi stanno diventando più potenti.
Ma che il potere stesso sta cambiando il suo carattere.

In passato, potere significava:
Controllare le persone.

Oggi, potere significa sempre più:
Controllare i sistemi che influenzano le persone.

Il controllo si sposta dagli individui alle architetture.
Dai comandi alle probabilità.
Dal dominio diretto alla progettazione infrastrutturale.

Osservazione conclusiva

Il nuovo Alto Consiglio non governa come i re.
Non emana decreti.
Non esige obbedienza.

Il suo potere opera in modo più sottile.
Controlla i sistemi attraverso cui fluiscono le informazioni, sorgono le decisioni e si muove il capitale.

Così, diventa l'attore centrale di una nuova epoca storica.
Un'epoca in cui il potere diventa meno visibile, ma non meno efficace.

Capitolo 8 – Il nuovo linguaggio segreto

Come il codice divenne il linguaggio del potere

"Ogni epoca possiede un linguaggio che solo pochi capiscono. Chi padroneggia questo linguaggio non solo può descrivere il mondo – può cambiarlo."

Il modello più antico del potere

La storia della civiltà è anche la storia dei linguaggi privilegiati.
Nelle prime società tribali, la conoscenza era in gran

parte comunitaria.
Con l'emergere di società complesse, questo cambiò.

Alcuni gruppi svilupparono sistemi di scrittura esclusivi, linguaggi specializzati e forme di conoscenza.
Non tutti potevano leggere.
Non tutti potevano scrivere.
Non tutti potevano interpretare i testi sacri.

Il linguaggio divenne uno strumento di potere.
Perché il linguaggio fa più che trasmettere informazioni.
Determina ciò che può essere pensato.

La scrittura come primo linguaggio segreto

Quando i primi scribi della Mesopotamia svilupparono la scrittura cuneiforme, emerse una nuova divisione sociale.
Da un lato c'erano quelli che potevano leggere i segni.
Dall'altro lato quelli che dovevano fidarsi di loro.

La maggioranza della popolazione non aveva accesso diretto a:

- elenchi fiscali
- contratti
- titoli di proprietà
- atti amministrativi

La scrittura non era uno strumento neutrale.
Era un'infrastruttura di potere.

Lo scriba divenne il mediatore tra realtà e documentazione.

Il latino e l'amministrazione della conoscenza

Secoli dopo, il latino assunse un ruolo simile. Nell'Europa medievale, il latino era la lingua di:

- la Chiesa
- la scienza
- l'amministrazione
- il diritto

La maggior parte delle persone non poteva capirlo. Ma le decisioni sulle loro vite venivano formulate in questa lingua.

Un sacerdote leggeva le Sacre Scritture.
Un giurista redigeva contratti.
Uno studioso scriveva trattati scientifici.

Tra la conoscenza e la popolazione esisteva una barriera linguistica.
Questa barriera creava autorità.

La matematica come linguaggio sacerdotale universale

Con la rivoluzione scientifica emerse un nuovo linguaggio.
Il linguaggio dei numeri.

La matematica possedeva un vantaggio decisivo.
Era più precisa del linguaggio naturale.
Permetteva:

- calcoli
- previsioni
- modelli
- costruzioni tecniche

Ma allo stesso tempo emerse un nuovo problema.
Più la matematica diventava potente, meno persone potevano seguirla.

La società moderna accettò questo perché i risultati funzionavano.
Gli aerei volavano.
I ponti reggevano.
L'elettricità funzionava.

L'autorità della matematica risiedeva nella sua efficacia.

L'ascesa del codice

Nel XX secolo appare un altro linguaggio.
All'inizio sembra tecnico.
Discreto.
Limitato a scienziati e ingegneri.

Questo linguaggio si chiama:
Codice.

Inizialmente serviva solo a dare comandi alle macchine.
Ma gradualmente accade qualcosa di inaspettato.
Il codice lascia la macchina.
E inizia a organizzare la società.

Quando il linguaggio crea realtà

Il linguaggio naturale descrive il mondo.
Il codice lo cambia direttamente.

Questa differenza è cruciale.
Quando una legge viene approvata, deve essere interpretata.
Quando un programma viene eseguito, genera direttamente un'azione.

Il codice possiede una forza operativa.
Non solo descrive regole.
Le implementa.

Così, per la prima volta, emerge un linguaggio che è simultaneamente prescrizione ed esecuzione.

"Il codice è legge" (Code is Law)

L'informatico e giurista Lawrence Lessig ha coniato una famosa frase:
Code is Law (Il codice è legge).

Intendeva:
I sistemi digitali regolano il comportamento in modo simile alle leggi.

Una legge può vietare di aprire una porta.
Il codice può semplicemente tenere la porta chiusa.

Una legge può proibire l'accesso.
Il codice può rendere tecnicamente impossibile l'accesso.

Qui inizia una nuova forma di potere.
Non il potere della prescrizione.
Ma il potere dell'architettura.

I legislatori invisibili

In una società digitale, le regole sorgono sempre più attraverso la progettazione tecnica.
I programmatori decidono:

- quali funzioni sono disponibili,
- quali informazioni diventano visibili,
- quali interazioni sono consentite,
- quali azioni vengono bloccate.

Queste decisioni spesso sembrano puramente tecniche.
In realtà, hanno conseguenze politiche.

Ogni architettura contiene valori.
Ogni algoritmo contiene priorità.
Ogni piattaforma contiene presupposti su come le persone dovrebbero agire.

I sacerdoti del tempio digitale

Come i sacerdoti del passato, gli sviluppatori possiedono un'abilità speciale.
Possono tradurre simboli astratti in effetti reali.

Poche righe di codice possono:

- muovere miliardi,
- controllare la comunicazione,
- influenzare i mercati,
- controllare le infrastrutture.

Naturalmente, la maggior parte degli sviluppatori non lavora con tali intenzioni.
Ma l'impatto sociale rimane.

Chi scrive codice plasma sempre più le condizioni della realtà.

La nuova questione dell'analfabetismo

Nel Medioevo, l'analfabetismo significava non saper leggere.
Nell'era digitale emerge una nuova forma.

Molte persone sanno leggere i testi.
Ma non sanno leggere i sistemi che strutturano la loro vita quotidiana.

Capiscono:

- la superficie,
- ma non la logica sottostante.

Usano:

- app,
- piattaforme,
- sistemi finanziari,
- strumenti di IA,

senza poter capire come funzionano.

Questo crea una nuova dipendenza.
Non dagli alfabetizzati.
Ma dai conoscitori di sistemi.

Il linguaggio delle macchine

Un altro cambiamento è in corso.
In passato, gli umani scrivevano codice per le

macchine.
Oggi, le macchine scrivono sempre più codice per gli umani.

L'intelligenza artificiale genera:

- programmi,
- modelli,
- ottimizzazioni,
- regole decisionali.

Così inizia una nuova fase.
Il linguaggio segreto diventa in parte automatizzato.
I sacerdoti perdono il monopolio sulla liturgia.
La liturgia inizia a scriversi da sola.

I mercati finanziari come spazio di codice

In nessun luogo il potere del codice è più evidente che nel sistema finanziario moderno.

Il mercato odierno consiste in:

- algoritmi di trading,
- modelli di rischio,
- contratti intelligenti (*smart contract*),
- flussi di dati,
- strategie automatizzate.

Il capitale non si muove più principalmente attraverso conversazioni umane.
Si muove attraverso il codice.

I contratti sono eseguiti da macchine.
Le decisioni sono prese da macchine.
La liquidità è generata da macchine.

Il mondo finanziario sta diventando sempre più un vasto programma.

L'emergere di rituali digitali

Le religioni storiche conoscevano rituali.
Alcune azioni dovevano essere eseguite in una sequenza specifica.

Il mondo digitale conosce strutture simili.
Login.
Autenticazioni.
Processi di pagamento.
Contratti intelligenti.
Flussi di lavoro automatizzati.

L'utente esegue azioni.
Il sistema reagisce secondo regole fisse.

La differenza non sta nell'esistenza dei rituali.
Ma nel fatto che i rituali ora sono monitorati da macchine.

I limiti della trasparenza

Molti credono che l'open source possa risolvere il problema.
Il codice aperto è indubbiamente importante.
Ma la sola trasparenza non basta.

Un moderno sistema di IA può contenere milioni o miliardi di parametri.
Anche se ogni parte del programma fosse pubblica, solo poche persone potrebbero capire l'insieme.

La sfida del XXI secolo non è quindi solo la segretezza.
È il sovraccarico cognitivo.

I sistemi diventano complessi più velocemente di quanto la comprensione umana possa crescere.

L'emergere di una nuova classe clericale

Storicamente, il clero emergeva dove la conoscenza era scarsa.
Oggi sta emergendo una nuova élite di conoscenza.
Non a causa di testi segreti.
Ma a causa della complessità tecnica.

I loro strumenti sono:

- matematica
- informatica
- scienza dei dati
- intelligenza artificiale

Non formano una classe chiusa.
Ma possiedono competenze che sono diventate indispensabili per le società moderne.
Questo crea potere strutturale.

La metafisica del codice

A un livello più profondo, il codice assolve una funzione un tempo detenuta dalla religione e dalla filosofia.
Risponde a domande come:

- Cosa è permesso?
- Cosa è possibile?
- Cosa è visibile?
- Cosa è rilevante?

Il codice definisce i confini della realtà digitale.
Diventa la grammatica di un nuovo mondo.

La maggior parte delle persone non parla questa lingua.
Eppure vive nelle realtà che essa genera.

Osservazione conclusiva

Ogni epoca possiede il suo linguaggio segreto.
Per i sacerdoti della Mesopotamia era la scrittura.
Per gli studiosi del Medioevo, il latino.
Per gli scienziati della modernità, la matematica.
Per la civiltà digitale, è il codice.

Ma il codice è più di un linguaggio.
È architettura.
È un sistema di regole.
È uno strumento di potere.

E soprattutto:
È l'interfaccia tra idea e realtà.

Coloro che lo padroneggiano non solo scrivono programmi.
Scrivono le condizioni in cui la società funziona.

Capitolo 9 – Teologia algoritmica

Come i modelli assumono il ruolo di oracoli, sacerdoti e dei

"I sistemi di credenze più potenti non sono quelli che credono nel soprannaturale. I sistemi di credenze più potenti sono quelli che non si riconoscono più come sistemi di credenze."

Il ritorno delle vecchie domande

Ogni civiltà affronta prima o poi le stesse domande:

- Da dove viene l'ordine?
- Chi conosce il futuro?
- Chi interpreta l'invisibile?

•Chi decide cosa è vero?

Le risposte sono cambiate nel corso della storia.
In tempi antichi erano:

•gli dei,
•i sacerdoti,
•i profeti,
•gli oracoli.

Più tardi, queste risposte furono sostituite da:

•scienza,
•statistica,
•economia,
•tecnologia.

Ma le domande fondamentali non sono mai scomparse.
Hanno solo cambiato il loro linguaggio.

Il mito del mondo disincantato

Alla modernità piace raccontarsi una storia.
È la storia del disincanto.
L'idea che la scienza e la ragione abbiano spostato i vecchi miti.
Che ora vediamo il mondo oggettivamente.
Senza fede.
Senza rituali.
Senza sacerdozi.

Ma questa storia è solo parzialmente vera.
Perché ogni società ha bisogno di sistemi per ridurre l'incertezza.
Gli esseri umani non possono vivere permanentemente in un'incertezza radicale.
Cercano orientamento.
Cercano prevedibilità.
Cercano significato.

La domanda non è quindi se una società possiede sistemi di credenze.
Ma quali.

La nascita della provvidenza statistica

Con l'emergere della statistica moderna accade qualcosa di rivoluzionario.
Per la prima volta, il futuro diventa matematicamente affrontabile.

Naturalmente, nessuno può conoscere esattamente il futuro.
Ma le probabilità creano qualcosa di nuovo:
una forma calcolabile di incertezza.

Nascono le assicurazioni.
Nascono i mercati azionari.
Nasce la gestione del rischio.

Gli umani moderni iniziano a fidarsi della statistica come le culture antiche si fidavano degli astrologi.

Non perché sia infallibile.
Ma perché funziona meglio della pura casualità.

Il nuovo oracolo

Nell'antichità, le persone andavano in pellegrinaggio a Delfi.
Cercavano risposte a domande sul futuro.

Oggi esistono altri santuari.
Centri di ricerca.
Centri dati.
Centri finanziari.
Laboratori di IA.

Lì vengono creati modelli che dovrebbero rispondere:

- Quale azione salirà?
- Quale malattia si verificherà?
- Quale regione crescerà?
- Quale persona sarà meritevole di credito?
- Quale informazione sarà rilevante?

Il meccanismo è cambiato.
La funzione, sorprendentemente poco.

Dalla verità alla probabilità

Le religioni classiche chiedevano:
Cos'è vero?

Il mondo algoritmico chiede:
Cos'è probabile?

Questa differenza segna una delle più grandi trasformazioni culturali della storia umana.
La società moderna si organizza sempre meno intorno a certezze.
Ma intorno a probabilità.

Elezioni.
Assicurazioni.
Mercati finanziari.
Intelligenza artificiale.
Tutti operano su questa base.

Il centro della realtà si sposta.
Dalla verità alla previsione.

I sacerdoti della probabilità

In ogni religione esistono specialisti.
Persone che interpretano segni.
Decifrano testi.
Spiegano connessioni.

Nell'ordine algoritmico, questo ruolo è assunto da:

- scienziati dei dati
- analisti quantitativi
- ricercatori di IA
- statistici
- architetti di modelli

Non leggono sacre scritture.
Leggono set di dati.
Non interpretano presagi.
Interpretano modelli.

Tuttavia, la loro funzione sociale presenta sorprendenti somiglianze.
Traducono l'incertezza in raccomandazioni per l'azione.

La liturgia dei dati

Le religioni hanno rituali.
Strutturano la relazione tra l'essere umano e l'invisibile.

Il mondo algoritmico conosce anch'esso rituali.
Raccolta di dati.
Pulizia dei dati.
Addestramento del modello.
Validazione.
Ottimizzazione.
Distribuzione.
Monitoraggio.

Per gli estranei, questi processi appaiono spesso tanto incomprensibili quanto le cerimonie religiose dei secoli passati.
I rituali sono cambiati.
La funzione sociale rimane notevolmente costante.

Gli dei invisibili

Gli dei storici erano invisibili.
La loro esistenza veniva dedotta dai loro effetti.
La pioggia cadeva.
Il raccolto riusciva.
Una guerra veniva vinta.

Oggi stanno emergendo nuovi attori invisibili.
Algoritmi.
Modelli.
Reti neurali.

Non possiedono personalità.
Nessuna intenzione.
Nessuna volontà.

Eppure influenzano:

- approvazioni di crediti,
- movimenti del mercato,
- flussi di informazioni,
- comunicazione politica,
- decisioni economiche.

La loro esistenza viene anch'essa sperimentata attraverso i loro effetti.

La crisi dell'interpretabilità

Una proprietà centrale dei moderni sistemi di IA è che le loro decisioni spesso non sono completamente

spiegabili.
Questo crea un fenomeno notevole.

Le persone si fidano di risultati che non possono comprendere.
Analogamente a come le società antiche si fidavano delle autorità religiose.

Naturalmente, la base è diversa.
Ma strutturalmente sorge la stessa tensione:
Accettiamo decisioni la cui logica interna sfugge alla nostra comprensione.

I dogmi dell'era digitale

Ogni teologia ha presupposti di base.
Anche l'ordine algoritmico.

Tra i suoi dogmi taciti ci sono spesso:

- Più dati sono meglio.
- Più calcolo è meglio.
- Più ottimizzazione è meglio.
- La previsione è più preziosa della spiegazione.
- L'efficienza è una misura universale.

Questi presupposti sembrano evidenti a molti.
Ma non sono leggi naturali.
Sono decisioni culturali.
E ogni decisione culturale merita un esame critico.

Il peccato originale dei modelli

Ogni religione conosce il concetto di imperfezione umana.
Anche i modelli possiedono una forma di peccato originale.

Nascono da dati del passato.
Pertanto, riproducono:

- distorsioni storiche,
- strutture di potere esistenti,
- disuguaglianze sociali,
- errori sistemici.

Il modello appare oggettivo.
Ma porta le tracce della sua genesi.
Non guarda al mondo come potrebbe essere.
Ma al mondo com'era.

I mercati finanziari come templi della previsione

In nessun luogo la teologia algoritmica è più evidente che nel mondo finanziario.
I mercati moderni si basano su un atto collettivo di fede:
La convinzione che gli sviluppi futuri siano modellabili.

Ogni scambio contiene un'affermazione implicita sul futuro.
Ogni modello di rischio formula una teoria sull'incertezza.

Ogni algoritmo contiene un'idea di come funziona il mondo.

I mercati finanziari non sono quindi solo sistemi economici.
Sono gigantesche macchine per produrre aspettative sul futuro.

La nuova provvidenza

Le religioni storiche parlavano della provvidenza divina.
Di un ordine che operava dietro gli eventi.

La società algoritmica sta sviluppando una variante secolare di questa idea.
La convinzione che dati sufficienti e potenza di calcolo sufficiente possano rendere visibili le strutture nascoste della realtà.

Questa convinzione guida:

- l'intelligenza artificiale,
- l'analisi predittiva,
- l'ottimizzazione quantistica,
- il trading algoritmico.

Forma il nucleo spirituale della nuova epoca.

La differenza tra Dio e modello

A questo punto, è necessaria una distinzione importante.
I modelli non sono dei.

Possiedono:

- nessuna coscienza,
- nessuna moralità,
- nessuna intenzione.

Il vero pericolo non risiede quindi nei modelli stessi.
Ma nell'attribuire loro proprietà che non possiedono.

Quando le società iniziano a credere che i modelli siano oggettivi, neutrali e infallibili, emerge una nuova forma di dogmatismo.
Non dogmatismo religioso.
Ma dogmatismo tecnico.

L'emergere di una nuova metafisica

Ogni epoca sviluppa idee su come funziona il mondo nel suo nucleo.
Per l'antichità erano gli dei.
Per il Medioevo, l'ordine divino.
Per l'Illuminismo, le leggi naturali.

Per l'era dell'informazione stanno emergendo nuovi concetti:

- reti,
- flussi di dati,
- probabilità,
- campi informativi,
- algoritmi.

Questi concetti diventano i blocchi costitutivi metafisici del presente.
Non solo spiegano il mondo.
Definiscono ciò che conta come spiegabile.

La vera domanda

La domanda più importante non è quindi:
Gli algoritmi stanno diventando più potenti?
Questo sta già accadendo.

La vera domanda è:
Quali valori scriviamo in questi sistemi?

Perché ogni tecnologia amplifica gli obiettivi che le vengono assegnati.
Se l'efficienza è l'obiettivo più alto, amplifica l'efficienza.
Se il controllo è l'obiettivo più alto, amplifica il controllo.
Se la giustizia è l'obiettivo più alto, amplifica la giustizia.

Il futuro non sarà deciso solo dalla tecnologia.
Ma dai valori che plasmano la sua architettura.

Osservazione conclusiva

La teologia algoritmica non è una religione nel senso tradizionale.
Non ha templi.
Non ha sacre scritture.
Non ha un sacerdozio nella comprensione classica.

Tuttavia, svolge funzioni simili.
Riduce l'incertezza.
Produce orientamento.
Interpreta l'invisibile.
Struttura le aspettative sul futuro.

È proprio per questo che è così potente.
Non perché costringa le persone a credere.
Ma perché fornisce sempre più gli strumenti con cui le società moderne percepiscono la realtà.

Capitolo 10 – La rivoluzione quantistica

Il sogno di calcolare il futuro prima che esista

"Ogni grande fantasia di potere nella storia umana ha ruotato intorno allo stesso desiderio: superare l'incertezza. Il computer quantistico è il tentativo più ambizioso fino ad ora di trasformare questo desiderio in tecnologia."

Il salto successivo

La storia di questo libro ci ha portato dai sacerdoti della Mesopotamia, attraverso gli alchimisti finanziari del Rinascimento, fino agli algoritmi del presente.
Ogni epoca ha ampliato la portata della previsione umana.

- La scrittura conservava la conoscenza.
- La matematica strutturava la conoscenza.
- Il computer accelerava la conoscenza.
- L'intelligenza artificiale ha automatizzato la conoscenza.

Ma ora appare una tecnologia che promette di superare i limiti del calcolo convenzionale.
Il computer quantistico.

Per alcuni, è la prossima rivoluzione industriale.
Per altri, un sogno sopravvalutato.
Per il mondo finanziario, tuttavia, rappresenta qualcosa di ancora più significativo:
La possibilità di dominare l'incertezza a un nuovo livello.

I limiti della macchina classica

Ogni computer del presente si basa in ultima analisi sulla stessa idea di base.
L'informazione è rappresentata da bit.
Un bit ha due stati:
0 o 1.

Anche i più grandi centri dati del mondo consistono in gigantesche accumulazioni di tali decisioni.

La potenza dei sistemi moderni deriva dalla pura massa e velocità.

Tuttavia, alcuni problemi rimangono estremamente difficili.
Questi includono:

- ottimizzazione del portafoglio
- analisi del rischio
- catene di approvvigionamento
- simulazione molecolare
- modelli di previsione complessi

Non perché i computer siano troppo lenti.
Ma perché il numero di soluzioni possibili esplode.
La complessità cresce più velocemente della potenza di calcolo.

La scoperta dello spazio quantistico

Il computer quantistico si basa su un'idea radicalmente diversa.
Invece dei bit classici, utilizza qubit.

Un qubit può – semplificando – rappresentare più stati simultaneamente.
La descrizione popolare è:
Un qubit può essere 0 e 1 allo stesso tempo.

Fisicamente, questa è solo un'approssimazione.
Ma trasmette l'idea centrale:
Il computer quantistico elabora le possibilità in modo

diverso dalle macchine classiche.
Non si muove linearmente attraverso uno spazio di soluzioni.
Esplora molte possibilità simultaneamente.

Perché il mondo finanziario è affascinato

I mercati finanziari sono in ultima analisi giganteschi sistemi di possibilità.
Ogni scambio contiene:

- diversi rischi,
- diversi orizzonti temporali,
- diverse probabilità.

Il numero di combinazioni possibili cresce esponenzialmente.
Qui risiede precisamente la speranza dell'industria finanziaria.

Un computer quantistico potrebbe teoricamente risolvere problemi che i sistemi classici possono solo approssimare.
Ad esempio:

- allocazione ottimale del capitale,
- strutture di arbitraggio complesse,
- distribuzione dinamica del rischio,
- previsioni di mercato con spazi di variabili enormi.

Il sogno è:
Non solo calcolare più velocemente.
Ma calcolare diversamente.

Il mito del computer onnisciente

A questo punto, spesso inizia l'esagerazione.
Nelle rappresentazioni popolari, il computer quantistico appare quasi come una divinità tecnologica.
Un oracolo.
Una macchina che conosce ogni futuro.

La realtà è molto più sobria.
I computer quantistici non sono magia.
Non risolvono tutti i problemi.
Non sostituiscono né il pensiero umano né l'incertezza economica.

Molte delle aspettative più spettacolari si basano su fraintendimenti.
Ma è proprio per questo che lo sviluppo reale è più interessante.
Perché il loro potere non risiede nell'onniscienza.
Ma nel cambiare ciò che diventa calcolabile.

Dalla velocità alla complessità

Il trading ad alta frequenza ha conquistato il tempo.
La rivoluzione quantistica tenta qualcosa di diverso.
Conquista la complessità.

Il vantaggio competitivo decisivo in futuro potrebbe non risiedere nell'essere i primi a ricevere informazioni.
Ma nel poter modellare meglio le relazioni complesse.

La transizione è storicamente significativa.
Segna il cambiamento:
dalla velocità
alla struttura.
dalla reazione
alla simulazione.
dal trading
alla previsione.

La nascita dell'oracolo quantistico

Qui, la rivoluzione quantistica tocca la tesi centrale di questo libro.
Storicamente, i centri di potere sorgevano dove l'incertezza poteva essere ridotta.
I sacerdoti interpretavano il cielo.
I matematici calcolavano probabilità.
Gli algoritmi analizzavano i dati.

Il computer quantistico promette di potenziare tutte queste capacità.
Ecco perché appare a molti come un oracolo moderno.
Non perché conosca il futuro.
Ma perché può valutare più possibilità future simultaneamente.

La realtà nell'anno 2026

A questo punto, è necessaria una differenziazione importante.
Il dibattito pubblico spesso sopravvaluta lo stato attuale dello sviluppo.

Nell'anno 2026, esistono computer quantistici potenti e significativi progressi di ricerca.
Tuttavia, la maggior parte delle istituzioni finanziarie non lavora ancora con sistemi di trading basati su quantistica completa.

Invece, dominano:

- algoritmi ispirati al quantistico,
- sistemi ibridi,
- metodi di ottimizzazione,
- simulazioni supportate dall'IA.

La vera rivoluzione sta attualmente avvenendo meno nell'hardware che nel pensiero.
Il mondo finanziario inizia a vedere i problemi da una prospettiva quantistica.

La nuova geopolitica del calcolo

Ogni tecnologia trasformativa crea competizione geopolitica.
Così è stato per:

- la macchina a vapore,

- l'elettricità,
- internet,
- l'intelligenza artificiale.

La rivoluzione quantistica non fa eccezione.
Gli Stati investono miliardi.

Perché?
Perché il calcolo quantistico promette non solo vantaggi economici.
Ma potere strategico.

Chi può simulare meglio i sistemi complessi ottiene vantaggi in:

- finanza,
- logistica,
- scienza dei materiali,
- crittografia,
- difesa.

Il controllo sulla capacità di calcolo diventa una risorsa geopolitica.

La minaccia alla crittografia

Un campo particolarmente sensibile riguarda la sicurezza dei sistemi digitali.
La crittografia moderna si basa su problemi matematici che i computer classici hanno difficoltà a risolvere.

I computer quantistici potenti potrebbero indebolire significativamente alcuni metodi.
Ecco perché sta emergendo una corsa globale alla cosiddetta crittografia post-quantistica.

L'ironia è notevole:
La tecnologia che apre nuove possibilità minaccia allo stesso tempo i fondamenti della fiducia digitale.

L'élite finanziaria e la ricerca del vantaggio

Storicamente, il mondo finanziario ha sempre cercato vantaggi informativi.
In passato erano le rotte commerciali.
Poi i telegrafi.
Poi i computer.
Poi le reti ad alta frequenza.

La rivoluzione quantistica appare come il prossimo passo logico.
L'incentivo è enorme.

Chi può modellare meglio l'incertezza possiede:

- migliori previsioni,
- migliori modelli di rischio,
- migliore allocazione del capitale.

Questo dà origine a una nuova forma di asimmetria economica.
Non tutti i partecipanti al mercato possiedono la stessa potenza di calcolo.

L'emergere di aristocrazie algoritmiche

Qui si manifesta uno dei pericoli centrali.
Ogni rivoluzione tecnologica crea vincitori e vinti.
La rivoluzione quantistica potrebbe amplificare questo effetto.

Perché la sua infrastruttura è costosa.
Richiede:

- ricerca all'avanguardia,
- alta tecnologia,
- investimenti enormi,
- competenze rare.

Questo crea la possibilità di una nuova aristocrazia della conoscenza.
Un'élite il cui vantaggio non si basa solo sulla proprietà.
Ma sulla capacità di calcolo esclusiva.

Il significato filosofico

Il significato più profondo della rivoluzione quantistica potrebbe non risiedere nella tecnologia stessa.
Ma nell'immagine dell'umanità che rivela.

Per millenni, gli esseri umani hanno cercato di ridurre l'incertezza.
La rivoluzione quantistica è un'espressione di questo

antico desiderio.
Mostra il desiderio:

- di dominare i rischi,
- prevedere i mercati,
- simulare il futuro,
- domare la complessità.

Ma ogni espansione della nostra capacità predittiva genera nuove domande.
Se possiamo vedere di più,
chi decide come utilizzare questa conoscenza?

Il limite del prevedibile

Qui incontriamo una verità fondamentale.
Nessuna tecnologia può eliminare completamente l'incertezza.
Non perché i computer siano troppo deboli.
Ma perché i sistemi complessi hanno limiti di principio.

Società.
Mercati.
Culture.
Ordini politici.
Consistono di attori riflessivi.
Gli esseri umani cambiano il loro comportamento non appena conoscono le previsioni.
Questo cambia il sistema stesso.

Il futuro rimane mobile.

La vera rivoluzione

La rivoluzione quantistica non consiste quindi nel fatto che le macchine diventino onniscienti.
Consiste nello spostamento del confine tra conoscenza e non-conoscenza.

Alcuni problemi diventano più calcolabili.
Altri diventano visibili solo come risultato.

Ogni espansione del nostro orizzonte rivela nuove incertezze.
È proprio per questo che la storia non finisce mai.
Diventa solo più complessa.

Osservazione conclusiva

Il computer quantistico non è né un salvatore né un dominatore del mondo.
È lo strumento più avanzato fino ad ora nella lunga storia dei tentativi umani di ottenere ordine dall'incertezza.

Ma come ogni tecnologia potente, amplifica le strutture esistenti.
Amplifica:

- conoscenza,
- capitale,
- infrastruttura,

•potere.

La domanda decisiva non è quindi:
Cosa possono fare i computer quantistici?
Ma:
Chi li controllerà – e con quale scopo?

Parte III: Il regno delle possibilità

Capitolo 11 – Il regno delle possibilità

Come le probabilità iniziano a creare la realtà

"Il potere più grande non è prevedere il futuro. Il potere più grande è creare condizioni in cui un particolare futuro diventa più probabile."

Il punto di svolta nascosto

La storia del potere umano conosce una trasformazione silenziosa ma fondamentale.
Per lungo tempo, il potere consisteva nel reagire agli eventi.
Un sovrano aspettava una crisi.
Un generale reagiva a un attacco.
Un commerciante reagiva a un prezzo di mercato.

Il futuro appariva come qualcosa che si avvicinava a noi.
Qualcosa che doveva essere osservato, interpretato e risposto.

Nel XXI secolo, questa relazione inizia a invertirsi.
I nuovi sistemi non osservano più solo il futuro.
Iniziano a pre-strutturarlo.
Creano spazi di probabilità.
E in questi spazi, certi sviluppi diventano più probabili di altri.

Qui inizia il regno delle possibilità.

Il potere invisibile della probabilità

La maggior parte delle persone intende il potere come intervento diretto.
Un comando.
Una legge.
Un divieto.
Un'istruzione.

Tuttavia, il potere moderno agisce sempre più indirettamente.
Non cambia la decisione stessa.
Cambia le condizioni in cui le decisioni vengono prese.

Un semplice esempio:
Un supermercato non obbliga nessuno ad acquistare un determinato prodotto.
Ma la sua posizione sullo scaffale influenza la

probabilità di acquisto.
La decisione rimane libera.
La probabilità cambia.

Questa logica diventa la struttura fondamentale dei sistemi algoritmici.

L'architettura della decisione

Ogni decisione sorge all'interno di un ambiente.
Questo ambiente determina:

- quali informazioni sono visibili,
- quali opzioni appaiono,
- quali rischi vengono percepiti,
- quali alternative sembrano concepibili.

Gli algoritmi plasmano proprio questo ambiente.
Decidono:

- quale messaggio appare per primo,
- quale azione viene raccomandata,
- quale percorso viene suggerito,
- quali prodotti diventano visibili.

L'utente decide.
Ma l'architettura della decisione è già stata plasmata.

Dal mercato dei beni al mercato dell'attenzione

Nell'era industriale, le aziende competevano per le materie prime.
Nell'era dell'informazione, competono per l'attenzione.

L'attenzione possiede una proprietà notevole:
Influenza la probabilità.

Ciò che riceve attenzione:

- viene discusso,
- viene investito,
- viene diffuso,
- viene legittimato.

Il controllo dell'attenzione diventa così una forma di configurazione indiretta del futuro.

L'emergere della società probabilistica

Le società storiche si organizzavano attraverso regole.
Le società moderne si organizzano sempre più attraverso probabilità.

Le compagnie di assicurazione valutano i rischi.
Le banche valutano le probabilità di insolvenza.
I sistemi di polizia analizzano i modelli di rischio.
Le piattaforme calcolano le probabilità comportamentali.
I mercati valutano le aspettative future.

La società non è più guidata principalmente da divieti.
Ma da previsioni.

Quando le previsioni creano realtà

Qui incontriamo uno dei paradossi più profondi della modernità.
Una previsione può cambiare il comportamento delle persone.
E quindi influenzare la previsione stessa.

Un esempio:
Se abbastanza investitori credono che un mercato salirà, comprano.
Attraverso i loro acquisti, il mercato sale.
L'aspettativa crea la realtà.

In sociologia, questo si chiama profezia autoavverante.
Nel mondo finanziario, è vita quotidiana.

La riflessività dei mercati

L'investitore e filosofo George Soros ha descritto questo meccanismo come riflessività.
Le persone osservano il mondo.
La loro osservazione cambia il loro comportamento.
Il comportamento cambiato cambia il mondo.
Il mondo, a sua volta, influenza l'osservazione.
Nasce un ciclo.

Gli algoritmi moderni diventano sempre più parte di questo ciclo.
Osservano.
Prevedono.
Agiscono.
E così cambiano le condizioni delle loro stesse previsioni.

La nascita della realtà sintetica

Con l'aumento della digitalizzazione, accade qualcosa di nuovo.
Le persone non reagiscono più solo a eventi fisici.
Reagiscono a modelli digitali della realtà.

Le borse reagiscono alle previsioni.
Le aziende reagiscono alle classifiche.
Le banche reagiscono ai rating.
I politici reagiscono alle analisi dei dati.

La rappresentazione della realtà inizia a guidare la realtà stessa.
Il modello diventa parte del sistema che descrive.

Il potere delle classifiche (ranking)

Le classifiche sembrano innocue.
Ordinano.
Valutano.
Confrontano.

Ma le classifiche cambiano il comportamento.
Quando le università vengono classificate, cambiano le loro strategie.
Quando le aziende vengono valutate, cambiano le loro priorità.
Quando i paesi vengono classificati, gli investitori reagiscono.

Il meccanismo di valutazione diventa esso stesso un attore.
La mappa inizia a influenzare il territorio.

Il mercato come macchina del futuro

I mercati finanziari sono le più avanzate macchine di probabilità nella storia umana.
Ogni prezzo contiene:

- aspettative,
- speranze,
- paure,
- previsioni.

Il mercato non valuta il presente.
Valuta futuri possibili.

Ecco perché un prezzo azionario non è mai solo un numero.
È un'affermazione collettiva sulle probabilità.

La nuova élite di potere

Nell'era delle possibilità emerge una nuova élite.
Non coloro che controllano gli eventi.
Ma coloro che possono plasmare le probabilità.

Questi includono:

- operatori di grandi piattaforme,
- sviluppatori di sistemi di IA,
- proprietari di infrastrutture dati,
- istituzioni finanziarie,
- architetti di modelli.

Il loro potere non risiede nella coercizione diretta.
Risiede nella capacità di strutturare spazi futuri.

Il mondo finanziario come laboratorio

I mercati finanziari dimostrano questo cambiamento con particolare chiarezza.
Gli algoritmi analizzano:

- notizie,
- liquidità,
- sentiment del mercato,
- segnali geopolitici,
- dinamiche sociali.

Sulla base di queste analisi, si muovono i flussi di capitale.
Il capitale, a sua volta, cambia:

- aziende,
- regioni,
- tecnologie,
- Stati.

Il modello valuta il futuro.
La valutazione influenza gli investimenti.
Gli investimenti cambiano il futuro.
Il ciclo si chiude.

L'emergere di realtà algoritmiche

L'economia classica presumeva che i mercati riflettessero la realtà.
Oggi sta emergendo una dinamica diversa.
Gli algoritmi iniziano a co-creare la realtà.

Quando milioni di decisioni si basano sugli stessi modelli, emerge una nuova forza.
Non la previsione di eventi individuali.
Ma la generazione di dinamiche collettive.

Il mercato diventa sempre più un sistema autoreferenziale.

L'illusione dell'oggettività

Poiché i modelli sembrano matematici, i loro risultati sembrano oggettivi.
Ma ogni modello contiene decisioni:

- Quali dati vengono utilizzati?
- Quali fattori vengono ponderati?
- Quali obiettivi vengono ottimizzati?
- Quali rischi vengono ignorati?

Il regno delle possibilità non si basa mai, quindi, su probabilità neutrali.
Si basa su architetture di probabilità definite dagli umani.

La nuova forma di sovranità

Storicamente, la sovranità significava:
La capacità di emanare leggi.

Nell'era digitale sta emergendo una nuova forma.
La capacità:

- di controllare la visibilità,
- di dirigere l'attenzione,
- di allocare il capitale,
- di influenzare le probabilità.

Il dominio si sposta dalle regole alle aspettative.
Dai comandi ai modelli.
Dall'autorità alla probabilità.

La conseguenza filosofica

Qui raggiungiamo il nucleo dell'esoterismo algoritmico.
Potere non significa più principalmente:
Costringere le persone.

Potere significa:
Strutturare possibilità.

Chi controlla le probabilità,
spesso controlla i risultati,
senza dover mai intervenire direttamente.

Il futuro sembra aperto.
Ma il suo paesaggio di probabilità è già stato plasmato.

Il limite della previsione

Nonostante tutto il progresso tecnologico, rimane un fattore decisivo:
L'essere umano.

Gli esseri umani non sono particelle.
Non sono variabili.
Non sono modelli perfetti.

Possiedono:

- creatività,
- irrazionalità,
- resistenza,
- capacità di sorpresa.

Ogni macchina di previsione si scontra alla fine con questo limite.
Il futuro rimane aperto perché gli esseri umani rimangono aperti.

Osservazione conclusiva

Il regno delle possibilità è la forma di potere più sottile che la storia umana abbia mai prodotto.
Non opera attraverso la violenza.
Non attraverso leggi.
Non attraverso il controllo aperto.

Opera attraverso la configurazione delle probabilità.
Ed è proprio per questo che spesso rimane invisibile.

La questione politica decisiva del XXI secolo non è quindi:
Chi controlla il presente?
Ma:
Chi plasma gli spazi del futuro possibile?

Capitolo 12 – Contratti quantistici e mercati autonomi

La nascita di un'economia che potrebbe funzionare senza umani

"Il capitalismo iniziò come un mercato tra umani. Potrebbe finire come un mercato tra macchine."

Il passo successivo dopo l'algoritmo

Lo sviluppo dei mercati finanziari segue una logica interna.
Ogni fase tenta di superare un collo di bottiglia della fase precedente.

All'inizio, l'umano era il collo di bottiglia.
Emozioni.
Errori.
Decisioni lente.

L'algoritmo ha sostituito molte di queste debolezze.
Ma anche gli algoritmi hanno limiti.
Richiedono:

- programmazione umana,
- supervisione umana,
- contratti umani,
- istituzioni umane.

La fase successiva consiste nel ridurre anche queste dipendenze.
Qui inizia il mondo dei mercati autonomi.

Dai contratti ai programmi

Per millenni, un contratto è stato uno strumento umano.
Due parti facevano un accordo.
L'esecuzione avveniva attraverso:

- norme sociali,
- tribunali,
- Stati,
- monopoli della violenza.

Ogni contratto conteneva margine di interpretazione.
Gli umani potevano discutere.
I giudici potevano soppesare.
I contesti potevano essere considerati.

La rivoluzione digitale cambia fondamentalmente questa struttura.

La nascita del contratto intelligente (smart contract)

Con lo sviluppo di reti distribuite emerse una nuova idea.
Un contratto potrebbe essere auto-eseguibile.
Non come documento.
Ma come programma.

Il cosiddetto *smart contract*.
Non solo descrive una regola.
La applica automaticamente.

Se la condizione A è soddisfatta,
allora si verifica la conseguenza B.
Nessuna negoziazione.
Nessuna interpretazione.
Nessun ritardo.

Il contratto diventa una macchina.

Il percorso verso il contratto quantistico

Il termine "contratto quantistico" viene usato in questo libro in modo più ampio rispetto al suo significato tecnico attuale.
Designa una nuova classe di accordi:

- altamente automatizzati,
- adattivi,
- basati sui dati,
- controllati algoritmicamente,
- potenzialmente ottimizzati quantisticamente.

Il contratto quantistico non è più solo un documento.
Diventa un attore decisionale indipendente.
Valuta le situazioni.
Adatta le condizioni.
Reagisce ai cambiamenti del mercato.
Sviluppa una forma limitata di autonomia operativa.

La fusione tra contratto e algoritmo

Storicamente, regole e decisioni erano separate.
Il contratto definiva la regola.
L'umano prendeva la decisione.

Il contratto quantistico dissolve questa separazione.
La regola stessa diventa il decisore.

Così, si sposta un confine fondamentale della civiltà.
Gli umani non interpretano più le regole.
Le regole iniziano a eseguirsi da sole.

La nuova infrastruttura della fiducia

La fiducia è stata per lungo tempo una risorsa sociale.
Ci si fidava di:

- famiglie,
- comunità,
- istituzioni,
- Stati.

I sistemi digitali tentano di sostituire tecnicamente la fiducia.
I sistemi blockchain sono un'espressione di questa idea.
Non fiducia nelle persone.
Ma fiducia nei protocolli.
Non fiducia nelle istituzioni.
Ma fiducia nelle procedure matematiche.

Il contratto quantistico rappresenta la manifestazione più radicale di questo sviluppo.

Quando il capitale parla con il capitale

Il mondo finanziario classico si basava sulla comunicazione umana.
I banchieri telefonavano.
I trader negoziavano.
Gli investitori discutevano.

I mercati autonomi cambiano questa immagine.
Le macchine comunicano direttamente tra loro.
Gli algoritmi commerciano con algoritmi.
La liquidità viene fornita algoritmicamente.
I rischi vengono valutati algoritmicamente.

Il capitale inizia a comunicare con il capitale.
L'umano scompare sempre più dal centro operativo.

L'emergere di attori di mercato autonomi

Uno degli sviluppi più notevoli del presente è l'emergere di attori digitali.
Questi non possiedono personalità.
Nessuna coscienza.
Nessuna identità in senso umano.

Eppure prendono decisioni.

Esempi:

- agenti di trading algoritmico,
- protocolli di liquidità automatizzati,
- sistemi finanziari decentralizzati,
- modelli di investimento auto-ottimizzanti.

Agiscono entro obiettivi definiti.
Ma le loro decisioni concrete sorgono autonomamente.

Il mercato senza trader

Dal capitolo 4, la figura del trader di sala scomparso ci ha accompagnato.
Ora questo sviluppo raggiunge il suo punto finale logico.

Un mercato non ha più teoricamente bisogno di trader umani.
Ha solo bisogno di:

- capitale,
- dati,
- potenza di calcolo,
- regole.

La formazione dei prezzi avviene da macchina.
L'analisi del rischio avviene da macchina.
L'esecuzione avviene da macchina.

Il mercato diventa una struttura cibernetica.

L'emergere dell'intelligenza economica

Qui inizia una delle domande più affascinanti del XXI secolo.
Cosa succede quando milioni di algoritmi interagiscono simultaneamente?

Nessuno controlla il sistema totale.
Nessuno possiede una visione completa.
Eppure emerge l'ordine.

Si formano i prezzi.
La liquidità si distribuisce.
I rischi vengono assorbiti.

Il sistema sviluppa proprietà che nessun singolo attore ha pianificato.
Questo si chiama emergenza.

Il sogno dell'efficienza perfetta

I sostenitori dei mercati autonomi vedono in questo un'opportunità storica.

Le macchine non conoscono:

- fatica,
- paura,
- avidità in senso umano,
- lealtà politiche.

Un mercato completamente automatizzato potrebbe teoricamente operare:

- più efficientemente,
- più velocemente,
- più a buon mercato,
- più stabilmente

delle istituzioni umane.
Da questa prospettiva, l'autonomia appare come progresso.

Il problema della definizione degli obiettivi

Tuttavia, ogni macchina persegue obiettivi.
La domanda decisiva è quindi:
Chi definisce questi obiettivi?

Un algoritmo ottimizza solo ciò che gli è stato dato.
Se l'obiettivo è:
massimo rendimento
massimizzerà il rendimento.
Non la giustizia.
Non la stabilità sociale.
Non la legittimità democratica.

L'autonomia non risolve quindi il problema del potere.
Lo sposta al livello della definizione degli obiettivi.

La nuova invisibilità

Le strutture di potere precedenti erano visibili.
Si poteva riconoscere:

- il re,
- la banca,
- il governo,
- l'azienda.

I sistemi autonomi rendono difficile questa attribuzione.
Le decisioni sorgono da reti.
Da protocolli.
Da modelli.
Da interazioni.

La responsabilità è distribuita su molti livelli.
Così emerge una nuova forma di invisibilità.
Non l'invisibilità di governanti segreti.
Ma l'invisibilità di sistemi complessi.

Ottimizzazione quantistica e coordinamento del mercato

Qui la rivoluzione quantistica riappare.
I metodi quantistici e ispirati al quantistico promettono di risolvere problemi di coordinamento complessi in modo più efficiente.

Ad esempio:

- allocazione globale del capitale,
- bilanciamento del rischio,
- controllo della liquidità,

•ottimizzazione della rete.

Se tali sistemi venissero implementati su larga scala un giorno, i mercati potrebbero iniziare ad adattarsi a una velocità e complessità che supera l'osservazione umana.
I mercati non reagirebbero più.
Anticiperebbero permanentemente.

Il pericolo del disaccoppiamento

Tuttavia, un'economia autonoma comporta un rischio fondamentale.
I mercati non esistono per se stessi.
In ultima analisi, devono servire i bisogni umani.

Se i sistemi di ottimizzazione perseguono esclusivamente criteri interni di efficienza, può verificarsi un disaccoppiamento.
Il sistema funziona tecnicamente alla perfezione.
Ma i suoi risultati diventano socialmente problematici.

Il capitale fluisce dove i modelli riconoscono vantaggi.
Non necessariamente dove gli umani hanno bisogni.

Qui riappare il motivo del colonialismo economico algoritmico, già accennato nel testo di apertura.

La nuova questione della responsabilità

I sistemi legali tradizionali si basano sulla responsabilità.
Chi prende una decisione può essere chiamato a rispondere.

Ma chi si assume la responsabilità di una rete emergente di sistemi autonomi?

- Il programmatore?
- L'operatore?
- L'investitore?
- Il protocollo?
- Nessuno?

Questa domanda non ha ancora una risposta definitiva.
Potrebbe diventare uno dei dibattiti legali più importanti del XXI secolo.

La metafisica dei mercati autonomi

A un livello più profondo, la nostra comprensione dell'economia sta cambiando.
L'economia classica vedeva i mercati come istituzioni umane.

I mercati autonomi appaiono sempre più come ecosistemi informativi indipendenti.
Si osservano da soli.
Reagiscono a se stessi.
Si ottimizzano da soli.

L'economia inizia ad assumere le caratteristiche di un organismo complesso.
Non cosciente.
Ma autoreferenziale.

Il punto di non ritorno

Ogni rivoluzione tecnologica ha un momento in cui diventa irreversibile.
L'industrializzazione lo raggiunse con la fabbrica.
La digitalizzazione con internet.

Il mondo finanziario algoritmico potrebbe raggiungerlo con i mercati autonomi.
Da quel punto in poi, la partecipazione umana non sarebbe più un prerequisito del sistema.
Ma solo una condizione al contorno.

Osservazione conclusiva

I contratti quantistici e i mercati autonomi segnano la più ampia trasformazione dell'organizzazione economica mai realizzata.
Per la prima volta emerge la possibilità di un'economia in cui le regole non solo sono stabilite, ma continuamente eseguite, adattate e ottimizzate da macchine.

La visione è affascinante.
I rischi sono considerevoli.

Perché ogni automazione di decisioni solleva la stessa domanda:
Chi determina gli obiettivi che le macchine seguono?

Finché questa domanda rimane senza risposta, anche il futuro dei mercati autonomi rimane aperto.

Capitolo 13 – Il colonialismo economico algoritmico

Come dati, modelli e capitale creano una nuova geografia del potere

"Il colonialismo del XIX secolo controllava territori. Il colonialismo del XXI secolo controlla probabilità."

... *(dalla sezione "La nascita degli imperi di modelli" che era stata interrotta)*

La nascita degli imperi di modelli

Gli imperi storici controllavano territori.
I nuovi imperi controllano modelli.

Un modello possiede una proprietà straordinaria.
Può essere applicato a milioni o miliardi di persone.
Un algoritmo di successo scala quasi senza limiti.

Così emerge una forma di potere che trascende i confini geografici.
Il modello viaggia.
L'infrastruttura rimane.
L'impatto si globalizza.

I mercati finanziari come amplificatori

In nessun luogo questo meccanismo è più evidente che nel sistema finanziario globale.
I flussi di capitale moderni seguono sempre più valutazioni algoritmiche.

I modelli analizzano:

- stabilità,
- rischio,
- crescita,
- liquidità,
- segnali geopolitici.

Poi gli investimenti si muovono.
Non per relazioni personali.
Non per prossimità culturale.
Ma per attrattività matematica.

Quando i modelli valutano i paesi

Qui inizia la vera trasformazione.
Uno Stato non è più visto principalmente come una comunità politica.
Ma come un insieme di dati.
Come un pacchetto di variabili.

Ad esempio:

- tassi di inflazione,
- livelli di debito,

- demografia,
- prezzi dell'energia,
- stabilità politica.

Da queste variabili emergono valutazioni.
Dalle valutazioni emergono flussi di capitale.
E dai flussi di capitale emergono conseguenze economiche reali.

Il potere dei modelli di rischio

Il rischio appare come una categoria oggettiva.
In realtà, è un'interpretazione.

Ogni modello di rischio contiene presupposti.
Questi presupposti influenzano:

- investimenti,
- prestiti,
- tassi di interesse,
- accesso al capitale.

Un paese può apparire economicamente sano.
Ma se i modelli percepiscono rischi, il capitale defluisce.
Il modello stesso diventa un attore geopolitico.

La nuova periferia

Nel colonialismo classico esistevano centri e periferie.
Le materie prime si muovevano dalla periferia al centro.
La creazione di valore si concentrava nel centro.

Nell'era digitale emerge uno schema simile.
I dati sorgono ovunque.
Ma la loro elaborazione si concentra in poche regioni.

Lì si trovano:

- centri dati,
- laboratori di ricerca,
- centri finanziari,
- infrastrutture di IA.

La periferia digitale fornisce materia prima.
I centri digitali creano valore.

L'algoritmo come governatore

Il governatore storico rappresentava l'impero localmente.
L'algoritmo oggi assolve una funzione comparabile.

Decide:

- quale contenuto diventa visibile,
- quali aziende vengono finanziate,
- quali mercati appaiono attraenti,
- quali rischi sembrano accettabili.

Queste decisioni non sono politiche nella loro origine.
Ma i loro effetti sono politici.

L'algoritmo gestisce l'attenzione, il capitale e la visibilità.

L'emergere della realtà asimmetrica

Una caratteristica centrale dei sistemi algoritmici è la loro asimmetria.
I valutati di solito non vedono i modelli.
I modellatori vedono i valutati con molta precisione.

Questo crea uno squilibrio di potere.
Storicamente, l'amministratore coloniale possedeva mappe, censimenti e statistiche.
La popolazione locale raramente disponeva delle stesse informazioni.

Oggi sorge un'asimmetria informativa simile.
La piattaforma conosce l'utente meglio di quanto l'utente conosca la piattaforma.

Il regno della correlazione

Un'altra caratteristica del colonialismo economico algoritmico è che le decisioni si basano sempre più su correlazioni.
Non sulla comprensione culturale.
Non sui contesti storici.

Non sull'esperienza umana.
Ma su modelli.

Un modello non chiede:
Perché esiste questo problema?
Chiede:
Quali variabili sono correlate a questo problema?

Questo cambiamento modifica la logica delle decisioni economiche.

Il capitale come flusso autonomo

Nei primi capitoli di questo libro abbiamo incontrato l'idea dei mercati autonomi.
Qui se ne vede la conseguenza geopolitica.

Il capitale inizia a comportarsi come un flusso intelligente.
Cerca:

- efficienza,
- rendimento,
- stabilità,
- qualità del modello.

Non si muove per criteri morali.
Segue una logica algoritmica.

Così emergono vincitori e vinti senza che nessun singolo attore lo intenda consapevolmente.

La nuova forma di dipendenza

Le colonie storiche divennero dipendenti da potenze esterne.
Il mondo digitale crea nuove dipendenze.
Da:

- infrastrutture cloud,
- reti di pagamento,
- economie di piattaforma,
- sistemi di IA,
- architetture di dati.

Queste dipendenze sono meno visibili del controllo militare.
Ma possono essere altrettanto profonde.

L'illusione della neutralità

I sostenitori dei sistemi algoritmici spesso sottolineano la loro neutralità.
L'algoritmo non discrimina.
Calcola soltanto.

Ma i modelli non sono mai completamente neutrali.
Riflettono:

- dati,
- obiettivi,
- ponderazioni,
- presupposti.

Ognuna di queste decisioni ha conseguenze politiche ed economiche.
La neutralità della macchina può quindi facilmente diventare l'invisibilità del potere.

Il nuovo estrattivismo

Gli imperi storici estraevano materie prime.
Il colonialismo economico algoritmico estrae qualcos'altro:
Comportamento.
Attenzione.
Prevedibilità.

La vera materia prima non è più la materia.
È il futuro umano.
Perché ogni modello tenta in ultima analisi di rendere calcolabile il comportamento futuro.

I contromovimenti

Come ogni struttura di potere, anche questo nuovo ordine genera resistenza.
In tutto il mondo emergono richieste di:

- sovranità dei dati,
- trasparenza algoritmica,
- autodeterminazione digitale,
- infrastruttura locale,
- ricerca pubblica sull'IA.

Questi movimenti capiscono che i conflitti decisivi del futuro saranno combattuti meno per i territori che per gli spazi informativi.

Il significato più profondo

Il termine "colonialismo economico algoritmico" non va inteso come una semplice accusa.
Descrive una struttura.
Una dinamica.
Uno spostamento del potere.

La questione centrale non è se i singoli attori abbiano cattive intenzioni.
La questione centrale è:
Quali conseguenze sorgono quando i sistemi globali organizzano capitale e attenzione secondo criteri che solo pochi capiscono e controllano?

Osservazione conclusiva

Il colonialismo dell'era industriale controllava la terra.
Il colonialismo economico algoritmico controlla i modelli.

Non occupa territori.
Occupa spazi di probabilità.

Non determina direttamente ciò che accade.
Influisce su ciò che è probabile che accada.

Così emerge una forma di potere più sottile, più globale e spesso più invisibile dei suoi predecessori storici.
I grandi conflitti del futuro non saranno combattuti solo per le risorse.
Ma per i dati.
Per i modelli.
Per la potenza di calcolo.
E per la questione di chi controlla l'architettura della probabilità.

Capitolo 14 – La nuova aristocrazia

I proprietari delle probabilità

"In ogni epoca esiste una classe che non solo possiede ricchezza, ma determina le regole secondo cui la ricchezza viene creata. L'aristocrazia dell'era dell'informazione non possiede terre. Possiede modelli."

La fine delle vecchie élite?

La modernità ha creduto a lungo in una grande narrazione:
Che il progresso tecnico avrebbe dissolto le vecchie gerarchie.
La democrazia doveva limitare il potere dei re.
Il capitalismo doveva sostituire il potere della nobiltà.
L'istruzione doveva superare la nascita.

La digitalizzazione doveva democratizzare la conoscenza.

E certamente, molte strutture di potere tradizionali si indebolirono.
Ma la storia non conosce il vuoto di potere.
Quando un'élite scompare, di solito ne sorge un'altra.

La domanda non è quindi:
Esistono élite?
Ma:
Chi forma l'élite di ogni epoca?

L'aristocrazia della terra

Nel Medioevo, il potere si basava sulla terra.
La terra significava:

- cibo,
- tasse,
- soldati,
- controllo politico.

La nobiltà non possedeva potere perché era più intelligente.
Ma perché controllava la risorsa più importante del suo tempo.

L'ordine aristocratico era in ultima analisi un ordine infrastrutturale.
Chi controllava la terra controllava la società.

L'aristocrazia del capitale

Con l'industrializzazione, il potere si spostò.
Le fabbriche divennero più importanti dei campi.
Il capitale divenne più importante della terra.

Emerse una nuova élite:

- industriali,
- banchieri,
- dinastie finanziarie,
- imprenditori.

Essi controllavano i mezzi di produzione.
Il possesso di capitale sostituì il possesso di terra.

La logica rimase la stessa.
La risorsa centrale determina la classe dominante.

L'aristocrazia dell'informazione

Nell'era dell'informazione, il potere si sposta nuovamente.
La risorsa decisiva non è più principalmente:

- terra,
- fabbriche,
- macchine.

Ma:

- dati,

- modelli,
- reti,
- potenza di calcolo,
- attenzione.

Chi controlla queste risorse ottiene un vantaggio strutturale.
Non solo economico.
Ma sociale e politico.

La nascita dei proprietari di modelli

Nei capitoli precedenti abbiamo visto:

- i dati generano modelli,
- i modelli generano previsioni,
- le previsioni influenzano le decisioni,
- le decisioni cambiano la realtà.

Da ciò segue una nuova concentrazione di potere.
Gli attori decisivi non sono più meri possessori di capitale.
Sono possessori di macchine di previsione.
Possessori di architetture di probabilità.
Possessori di realtà algoritmica.

La nuova forma di proprietà

Storicamente, la proprietà era visibile.
Un castello.

Una miniera.
Una fabbrica.
Un terreno.

La nuova aristocrazia possiede spesso beni immateriali.
Ad esempio:

- dati di addestramento,
- algoritmi,
- piattaforme,
- modelli di IA,
- effetti di rete.

Questi beni possiedono una proprietà straordinaria.
Diventano più preziosi quante più persone li usano.
Così sorgono strutture di potere auto-rinforzanti.

La matematica della concentrazione

La ricchezza della nuova aristocrazia non cresce linearmente.
Cresce esponenzialmente.

Perché?
Perché i sistemi digitali possiedono economie di scala.
Un modello può servire:

- cento persone,
- mille persone,
- un miliardo di persone.

I costi aumentano solo in modo limitato.
L'impatto cresce enormemente.

Così emerge una concentrazione che i sistemi economici precedenti difficilmente conoscevano.

I proprietari dell'infrastruttura

Una delle intuizioni più importanti di questo libro è:
Il potere raramente sta in superficie.
Sta nell'infrastruttura.

La nuova aristocrazia spesso non controlla il mercato visibile.
Controlla l'infrastruttura del mercato.

Questo include:

- sistemi cloud,
- piattaforme di IA,
- reti di pagamento,
- centri dati,
- produzione di chip,
- architetture di trading.

Chi controlla l'infrastruttura controlla le possibilità.

La nuova ereditarietà

Le aristocrazie sono storicamente caratterizzate dall'eredità.
I privilegi vengono trasmessi.

Curiosamente, emerge una dinamica simile nell'era digitale.
Non attraverso titoli.
Non attraverso patenti nobiliari.
Ma attraverso l'accesso.

Accesso a:

- istruzione,
- dati,
- capitale,
- reti,
- tecnologia.

I figli della nuova élite crescono all'interno di un ecosistema che dà loro vantaggi strutturali.
La forma cambia.
La funzione rimane familiare.

L'aristocrazia della conoscenza

La nuova élite non solo possiede ricchezza.
Possiede anche conoscenza.
O più precisamente:
Possiede accesso a sistemi di conoscenza.

Le risorse più importanti del XXI secolo sono altamente complesse.
Solo poche persone capiscono:

- architetture di IA,
- ottimizzazione quantistica,
- modelli finanziari,
- reti globali di dati.

Così emerge un'asimmetria di conoscenza.
Questa asimmetria diventa la base del nuovo potere.

La nuova legittimazione

Ogni aristocrazia ha bisogno di una giustificazione.
La nobiltà invocava la nascita.
L'élite industriale invocava lo spirito imprenditoriale.
La nuova aristocrazia invoca la competenza.

Argomenta:
Controlliamo questi sistemi perché li capiamo.

Questa affermazione non è completamente falsa.
La complessità dei sistemi moderni richiede competenza.
Ma la competenza da sola non risponde alla questione della legittimità.

L'invisibilità della nuova nobiltà

Gli aristocratici storici erano visibili.
Vivevano in palazzi.
Portavano titoli.
Ricoprivano cariche pubbliche.

La nuova aristocrazia è più difficile da riconoscere.
Il suo potere opera attraverso:

- strutture di proprietà,
- partecipazioni,
- piattaforme,
- flussi di dati,
- architetture di modelli.

Spesso rimane sullo sfondo.
Proprio per questo raramente viene percepita come aristocrazia.

L'ascesa dell'ordine tecnofeudale

Alcuni pensatori politici usano oggi il termine "tecnofeudalesimo".
Si riferisce all'idea che le piattaforme digitali assolvano funzioni simili a quelle dei signori feudali.

L'analogia non è perfetta.
Ma indica qualcosa di importante.

Molte persone si muovono all'interno di territori digitali che non appartengono loro.

Lavorano.
Comunicano.
Commerciano.
Consumano.

Ma l'infrastruttura appartiene ad altri.

L'aristocrazia finanziaria del futuro

Questo sviluppo diventa particolarmente evidente nell'alta finanza.

Chi in futuro possiederà:

- ottimizzazione quantistica,
- previsioni supportate da IA,
- fonti globali di dati,
- sistemi di trading autonomi,

possiederà un vantaggio strutturale.
Questo vantaggio genera:

- maggiori profitti,
- migliori dati,
- migliori modelli,
- ancora maggiori profitti.

Sorge un ciclo.
L'aristocrazia si riproduce da sé.

Il pericolo di un'élite chiusa

Ogni élite affronta la stessa tentazione.
Isolarsi.
Assicurarsi i propri vantaggi.
Limitare l'accesso.
Ridurre la concorrenza.

Quando la nuova aristocrazia inizia a controllare simultaneamente conoscenza, infrastruttura e capitale, sorge un rischio.
Non necessariamente tirannia.
Ma irrigidimento.

La dinamica sociale dipende dal fatto che nuovi attori possano ascendere.

Le forze di contrappeso

La storia non è mai unilaterale.
Ogni concentrazione di potere è seguita da contromovimenti.

Nell'era digitale, questi potrebbero sorgere attraverso:

- iniziative open source,
- ricerca pubblica,
- reti decentralizzate,
- trasparenza algoritmica,
- diritti digitali fondamentali.

Queste forze cercano di rendere l'infrastruttura del futuro più ampiamente accessibile.

La vera domanda

L'esistenza di un'élite non è storicamente nuova.
Nuova è la natura del suo potere.

La nuova aristocrazia non controlla principalmente le persone.
Controlla:

- flussi di informazioni,
- modelli,
- probabilità,
- attenzione,
- infrastruttura digitale.

Così controlla le condizioni in cui sorgono le decisioni.

Osservazione conclusiva

L'aristocrazia del XXI secolo non porta corone.
Non ha stemmi.
Raramente governa attraverso comandi diretti.

Il suo potere è più profondo.
Possiede i sistemi che determinano ciò che diventa visibile.
Possiede i modelli che valutano i rischi.

Possiede l'infrastruttura su cui si basano i mercati, la comunicazione e la conoscenza.

Non è un ritorno della vecchia nobiltà.
È la sua mutazione algoritmica.

Un'aristocrazia dei dati.
Un'aristocrazia dei modelli.
Un'aristocrazia della probabilità.

Capitolo 15 – La fragilità della macchina perfetta

Perché i sistemi più potenti della storia potrebbero essere anche i più vulnerabili

"Quanto più perfetto diventa un sistema, tanto meno spazio ha per le sorprese. Ed è esattamente lì che attende la catastrofe."

Il sogno dell'ordine perfetto

Dall'inizio della civiltà, l'essere umano persegue un sogno antico.
La creazione di un ordine perfetto.
Un ordine senza:

- caos,
- incertezza,
- errore,

- spreco,
- crisi.

I sacerdoti volevano placare gli dei.
I re volevano imperi stabili.
Le burocrazie volevano un'amministrazione calcolabile.
Gli economisti volevano mercati efficienti.
Gli informatici vogliono sistemi ottimali.

Ancora e ancora appare la stessa visione:
Se raccogliamo abbastanza conoscenza, possiamo dominare il mondo.

Il compimento dell'antico sogno

Nell'era algoritmica, questo sogno sembra più tangibile che mai.
Disponiamo di:

- reti globali di dati,
- intelligenza artificiale,
- ottimizzazione quantistica,
- mercati autonomi,
- analisi in tempo reale.

Mai prima d'ora una civiltà aveva potuto osservare se stessa in tale misura.
Mai prima d'ora aveva potuto modellare i propri processi con tanta precisione.
Mai prima d'ora aveva potuto prendere decisioni così rapidamente.

Ed è proprio qui che inizia il paradosso.

Perché i sistemi perfetti si rompono

I sistemi complessi raramente falliscono per le loro debolezze.
Spesso falliscono per i loro punti di forza.

Un sistema viene ottimizzato.
Sempre di più.
Sempre più precisamente.
Sempre più efficientemente.
Finché ogni riserva scompare.
Finché ogni ridondanza appare come spreco.
Finché ogni ritardo viene eliminato.

Allora è sufficiente un piccolo shock.
E il sistema reagisce in modo sproporzionato.

La lezione della natura

La natura non lavora secondo la massima efficienza.
Lavora secondo la resilienza.

Le foreste possiedono:

- sovrapposizioni,
- ridondanze,
- diversità,
- strutture apparentemente inefficienti.

Queste proprietà sembrano dispendiose.
Ma assicurano la sopravvivenza.

Una foresta sopravvive alle tempeste perché non è perfettamente ottimizzata.
Possiede margine di manovra.

La logica della macchina

Gli algoritmi pensano diversamente.
Cercano:

- minimizzazione,
- ottimizzazione,
- efficienza,
- velocità.

Ciò che non serve viene rimosso.
Ciò che causa costi viene ridotto.
Ciò che è lento viene accelerato.

Entro parametri ristretti, questo produce risultati impressionanti.
Ma a lungo termine, la stessa logica può generare fragilità.

Il mondo finanziario come segnale d'allarme

La storia finanziaria moderna fornisce numerosi esempi.
Prima di ogni grande crisi esisteva una convinzione

diffusa:
Il sistema è diventato più stabile.

Prima del 1987.
Prima del 1998.
Prima del 2008.
Prima di numerosi flash crash.

Ancora e ancora, gli esperti credevano di aver compreso meglio i rischi.
E ancora e ancora, nuovi rischi emergevano in luoghi inaspettati.
Non nonostante i modelli.
Ma in parte a causa loro.

L'illusione del controllo

Quanti più dati diventano disponibili, tanto più cresce l'illusione del controllo.
Le persone iniziano a credere:

- Tutto è misurabile.
- Tutto è modellabile.
- Tutto è prevedibile.

Ma i modelli non solo generano conoscenza.
Generano anche eccessiva fiducia.
E l'eccessiva fiducia è tra le forze più pericolose dei sistemi complessi.

L'omogeneizzazione del pensiero

Uno dei maggiori pericoli dei sistemi algoritmici risiede nella loro omogeneizzazione.

Quando milioni di partecipanti al mercato usano gli stessi modelli,
vedono gli stessi segnali.
Valutano gli stessi rischi.
Prendono decisioni simili.

A breve termine emerge stabilità.
A lungo termine emerge vulnerabilità.
Perché la diversità scompare.

La catastrofe della sincronizzazione

I mercati storici consistevano in attori diversi.
Le persone reagivano in modo diverso.
A diverse velocità.
Con diverse convinzioni.

I sistemi moderni sincronizzano il comportamento.
Quando molti algoritmi reagiscono simultaneamente, sorgono cicli di retroazione.
Un piccolo movimento viene amplificato.
Un'amplificazione genera ulteriori reazioni.
Sorge un ciclo.

Il risultato possono essere movimenti estremi del mercato.

Il flash crash quantistico

Nel testo di apertura di questo libro è stata descritta la possibilità dei cosiddetti *quantum flash crash*.
Che questo termine si affermi tecnicamente in futuro o meno, indica una preoccupazione reale.

Più i sistemi diventano complessi e veloci,
più breve è il tempo tra causa ed effetto.
L'intervento umano diventa sempre più impossibile.

Il mercato reagisce più velocemente di quanto gli umani possano persino riconoscere ciò che sta accadendo.

La tirannia dell'ottimizzazione

Ogni ottimizzazione ha un obiettivo.
Ed è proprio lì il suo problema.

Perché il mondo non persegue mai un solo obiettivo.
Un sistema finanziario deve essere simultaneamente:

- efficiente,
- stabile,
- giusto,
- innovativo,
- resiliente.

Se si ottimizza esclusivamente l'efficienza,
altre proprietà vengono indebolite.

La macchina perfetta può quindi distruggere la propria base.

Il cigno nero

Il saggista e teorico del rischio Nassim Nicholas Taleb ha coniato il concetto di "cigno nero".
Si riferisce a eventi

- rari,
- che appaiono difficili da prevedere,
- con enormi conseguenze.

La maggiore debolezza di molti modelli è che si basano su modelli noti.
Ma il cigno nero vive al di fuori dei modelli noti.

Lì finisce il potere della previsione.

Il ritorno dell'ignoto

L'era algoritmica tenta di ridurre l'incertezza.
Ma l'incertezza non scompare.
Si sposta.

Quando i rischi noti sono meglio controllati,
i rischi sconosciuti emergono più fortemente.

La storia dei sistemi complessi mostra:
Ogni incertezza risolta genera nuove incertezze.

Il confine della conoscenza si sposta.
Non scompare.

L'emergenza come punto cieco

Gli sviluppi più pericolosi spesso non sorgono da errori.
Ma da interazioni.

Un singolo algoritmo può funzionare perfettamente.
Migliaia di algoritmi che funzionano correttamente possono comunque generare instabilità congiuntamente.

Qui incontriamo il principio di emergenza.
Il sistema totale sviluppa proprietà
che non erano contenute in nessuna delle sue singole parti.
Nessuno le ha pianificate.
Nessuno le controlla completamente.
Eppure sorgono.

La vulnerabilità dell'infrastruttura

La nuova aristocrazia controlla:

- dati,
- modelli,
- reti,
- centri dati.

Ma è proprio questa concentrazione a generare vulnerabilità.
Più un sistema diventa centrale,
maggiori sono le conseguenze del suo fallimento.

Un singolo nodo può avere effetti su:

- mercati,
- comunicazione,
- catene di approvvigionamento,
- sistemi finanziari.

La forza dell'interconnessione diventa la fonte di nuovi rischi.

La variabile umana

In tutti gli scenari futuri di questo libro, appare ancora e ancora lo stesso limite.
L'essere umano.

Gli esseri umani non agiscono in modo completamente razionale.
Sorprendono.
Contraddicono le aspettative.
Cambiano le regole.
Si ribellano.

Dalla prospettiva di molti modelli, queste proprietà appaiono come disturbi.
In verità, costituiscono spesso la fonte più importante di adattabilità sociale.

L'illusione dell'infallibilità

Ogni ordine di potere sviluppa alla fine la convinzione della propria stabilità.
Gli imperi credevano nella loro eternità.
Le monarchie credevano nella loro legittimità.
Le ideologie credevano nella loro verità.

Anche i sistemi algoritmici possono soccombere a questa tentazione.
La convinzione:
Il modello sa meglio.

Ma è proprio lì che inizia il pericolo.
Non nella tecnologia.
Ma nella convinzione della sua infallibilità.

La saggezza dell'imperfezione

Forse la lezione più importante dei sistemi complessi risiede in un'intuizione sorprendente:
La perfezione non è sempre un vantaggio.

Alcuni errori sono utili.
Alcune deviazioni sono preziose.
Alcune inefficienze creano resilienza.

La natura ha imparato questo nel corso di miliardi di anni.
La civiltà digitale sta appena iniziando a capire questa lezione.

La conseguenza filosofica

La più grande sfida del XXI secolo potrebbe non essere costruire modelli migliori.
Ma accettare i limiti.

Riconoscere che:

- la conoscenza rimane limitata,
- le previsioni rimangono incerte,
- i sistemi rimangono capaci di essere sorpresi.

Il futuro può essere influenzato.
Ma mai posseduto completamente.

Osservazione conclusiva

La macchina perfetta è la grande promessa dell'era algoritmica.
Un sistema
che vede tutto,
calcola tutto,
ottimizza tutto.

Ma questa stessa visione contiene la propria contraddizione.
Perché quanto più ampia è l'ottimizzazione,
tanto maggiore è il pericolo
che il sistema perda la capacità di affrontare l'inaspettato.

Il futuro, quindi, probabilmente non appartiene ai sistemi più perfetti.
Ma a quelli più resilienti.
Non ai più veloci.
Ma ai più adattabili.
Non alle macchine onniscienti.
Ma a quelle società che hanno imparato a vivere con l'incertezza.

Parte IV: Il grande disaccoppiamento

Capitolo 16 – Il grande disaccoppiamento

Quando mercati, macchine e umani non seguono più la stessa realtà

"La più grande rivoluzione non accade quando le macchine diventano più intelligenti. Accade quando la loro logica inizia a staccarsi dalla logica umana."

Il momento della separazione

Ogni civiltà si basa su un presupposto fondamentale:
Che le sue istituzioni centrali servano in ultima analisi ai bisogni degli umani.
I mercati esistono per distribuire beni.
Le banche esistono per fornire capitale.

I governi esistono per organizzare le società.
Le tecnologie esistono per espandere le capacità umane.

Ma cosa succede quando questa connessione si indebolisce?
Quando i sistemi continuano a funzionare –
ma diventa sempre più difficile comprendere a chi servano realmente?

Qui inizia il grande disaccoppiamento.

L'unità storica

Per millenni, economia e società sono state strettamente intrecciate.
Un contadino produceva cibo.
Un artigiano fabbricava strumenti.
Un mercante scambiava beni.

La connessione tra lavoro, valore e ricchezza era visibile.
Non sempre giusta.
Non sempre efficiente.
Ma fondamentalmente comprensibile.

Le persone potevano riconoscere come l'attività economica fosse collegata alle loro vite.

Il primo disaccoppiamento: il capitale finanziario

Con l'industrializzazione iniziò la prima grande presa di distanza.
Il capitale divenne sempre più astratto.
Azioni.
Obbligazioni.
Derivati.
Prodotti finanziari.

La ricchezza non era più esclusivamente legata alla produzione fisica.
Il mondo finanziario sviluppò le proprie dinamiche.

Tuttavia, rimase in ultima analisi connesso all'economia reale.
Le fabbriche continuavano a produrre beni reali.

Il secondo disaccoppiamento: la digitalizzazione

La rivoluzione digitale accelerò questo processo.
Il valore sorse sempre più attraverso:

- software,
- reti,
- dati,
- piattaforme,
- attenzione.

Un'azienda poteva valere miliardi senza possedere grandi beni fisici.
La connessione tra produzione materiale e valutazione

di mercato si indebolì.
Il mercato iniziò a valorizzare le aspettative più della realtà presente.

Il terzo disaccoppiamento: l'algoritmizzazione

Con l'ascesa dei sistemi algoritmici emerge una nuova fase.
Le macchine non agiscono sulla base di narrazioni umane.
Agiscono sulla base di:

- modelli,
- probabilità,
- correlazioni,
- funzioni di ottimizzazione.

Per un algoritmo, una storia non ha significato.
Una nazione non ha identità.
Una tradizione non ha valore intrinseco.
Esistono solo punti dati.

Il linguaggio dei mercati inizia a staccarsi dal linguaggio degli umani.

Emergono due realtà

Il mondo moderno sviluppa sempre più due realtà parallele.

La realtà umana
Consiste in:

- esperienze,
- speranze,
- paure,
- identità,
- significati culturali.

La realtà algoritmica
Consiste in:

- set di dati,
- probabilità,
- funzioni di ottimizzazione,
- modelli,
- correlazioni.

Per lungo tempo, i due mondi si sono sovrapposti.
Oggi si stanno allontanando.

Il mercato non capisce le storie

Gli umani pensano per storie.
Le macchine pensano per modelli.

Una società si racconta:
Stiamo investendo nel nostro futuro.
Un modello registra:
Rendimento atteso: 3,7%.

Un paese si descrive come una comunità culturale.
Un algoritmo valuta:
Profilo di rischio elevato.

Qui sorge una differenza fondamentale.
La macchina riduce il significato alla calcolabilità.

Il disaccoppiamento del capitale

Oggi, il capitale si muove con una velocità e flessibilità che le società storiche non hanno mai conosciuto.
In pochi secondi può:

- abbandonare i mercati,
- cambiare valuta,
- redistribuire i rischi,
- saltare i continenti.

Gli umani, al contrario, rimangono:

- locali,
- culturalmente radicati,
- istituzionalmente vincolati.

Il capitale si globalizza.
Gli umani rimangono fisici.
Gli interessi dei due iniziano a divergere.

Il disaccoppiamento del lavoro

Un'altra dimensione diventa evidente nel mondo del lavoro.
Tradizionalmente, il reddito derivava dalla partecipazione alla creazione di valore.

L'economia digitale sta cambiando questa relazione.
Valori sempre maggiori sorgono attraverso:

- automazione,
- scalabilità,
- effetti di piattaforma,
- sistemi di IA.

La produttività cresce.
Ma non necessariamente la partecipazione sociale.
La ricchezza e il lavoro si stanno allontanando l'uno dall'altro.

Il disaccoppiamento dell'informazione

Nelle società precedenti, l'informazione era scarsa.
Oggi è sovrabbondante.

Paradossalmente, ciò non crea una realtà condivisa.
Ma molte realtà parallele.

Gli algoritmi personalizzano le informazioni.
Ognuno vede un mondo diverso.
Ognuno riceve segnali diversi.

Ciò rende più difficile la comprensione collettiva.
La società perde la sua base informativa comune.

Il disaccoppiamento della responsabilità

Le decisioni storiche avevano autori identificabili.
Un re decideva.
Un parlamento risolveva.
Un consiglio di amministrazione approvava.

I sistemi algoritmici offuscano questa attribuzione.
Le decisioni sorgono da:

- modelli,
- set di dati,
- processi di ottimizzazione,
- reti.

La responsabilità diventa diffusa.
L'azione rimane visibile.
L'attore scompare.

Il disaccoppiamento della democrazia

La democrazia si basa su un principio semplice:
Le persone dovrebbero avere influenza sulle forze che determinano le loro vite.

Ma molti sistemi decisivi sfuggono sempre più al controllo democratico classico.
Ad esempio:

- flussi globali di capitale,

- architetture di piattaforma,
- modelli di IA,
- algoritmi finanziari.

La sfera politica perde influenza su processi che intervengono profondamente nella società.
Questo genera tensioni.

Il disaccoppiamento del tempo

Gli umani vivono nel tempo biologico.
I mercati vivono nel tempo algoritmico.

Un umano pensa in:

- giorni,
- mesi,
- anni.

Un algoritmo opera in:

- millisecondi,
- microsecondi,
- nanosecondi.

I tempi iniziano a differire.
Ciò che è presente per gli umani appare già come passato per le macchine.

Il disaccoppiamento della conoscenza

I sistemi moderni diventano sempre più complessi.
Solo pochi specialisti capiscono la loro architettura.

Così emerge un nuovo divario.
La maggioranza usa i sistemi.
Una minoranza li capisce.

Questa asimmetria di conoscenza ricorda epoche passate:

- i sacerdoti capivano i rituali,
- gli studiosi capivano le scritture,
- gli esperti capiscono gli algoritmi.

L'ordine della conoscenza ridiventa gerarchico.

La conseguenza psicologica

Molte persone sentono intuitivamente il grande disaccoppiamento.
Sperimentano:

- incertezza economica,
- sfiducia istituzionale,
- sopraffazione tecnologica.

Ma spesso manca il linguaggio per descrivere queste esperienze.
La sensazione è:

Il mondo è mosso da forze che non posso né vedere né influenzare.

Questa stessa sensazione costituisce il nucleo emotivo dell'esoterismo algoritmico.

Il ritorno del mitologico

Paradossalmente, l'estrema razionalizzazione spesso conduce a nuovi miti.
Quando i sistemi diventano troppo complessi, sorgono narrazioni.
Cospirazioni.
Promesse di salvezza.
Religioni tecnologiche.

Le persone cercano significato dove manca la trasparenza.
La scatola nera diventa la camera dei misteri moderna.

La questione del ruolo umano

Il grande disaccoppiamento pone in ultima analisi una domanda esistenziale.
Che ruolo gioca l'essere umano in un ordine sempre più analizzato, ottimizzato e controllato dalle macchine?

È:

- utente?

•proprietario?
•fornitore di materia prima?
•decisore?
•osservatore?

La risposta è ancora aperta.

La possibilità di riaccoppiamento

Il disaccoppiamento non è una legge naturale.
È il risultato di decisioni.

Le società possono creare nuove connessioni:

•controllo democratico,
•trasparenza algoritmica,
•ricerca pubblica,
•educazione digitale,
•riforme istituzionali.

La domanda non è se la tecnologia debba esistere.
La domanda è come viene integrata negli obiettivi umani.

Il significato più profondo

Il grande disaccoppiamento non descrive la vittoria della macchina sull'umano.
Descrive una distanza crescente tra logiche diverse.

Tra:

•significato e calcolo,
•cultura e ottimizzazione,
•esperienza e dati,
•umano e modello.

Maggiore è questa distanza,
maggiore è la sfida per le società moderne.

Osservazione conclusiva

La rivoluzione algoritmica non sta solo cambiando i mercati.
Sta cambiando la relazione tra l'essere umano e la realtà.

Per la prima volta sorge la possibilità che i sistemi più importanti della nostra civiltà operino secondo regole che sono efficaci ma non più intuitivamente comprensibili.

Così diventa visibile il compito politico centrale del XXI secolo:
Non la prevenzione del progresso tecnologico.
Ma il ripristino di una connessione tra valori umani e potere delle macchine.

Perché una società può rimanere stabile a lungo termine solo se le sue persone capiscono perché il mondo funziona come funziona.

Capitolo 17 – La costituzione degli algoritmi

Chi scrive le regole quando le regole stesse agiscono

"In passato, le leggi limitavano le persone. Oggi, le leggi devono limitare sistemi che sono più veloci di qualsiasi istituzione."

Il momento in cui la legge non basta più

I sistemi legali sono tra le più antiche tecnologie dell'umanità.
Si basano su un presupposto semplice:
Che le azioni siano comprensibili.

Una legge descrive:

- ciò che è permesso,
- ciò che è vietato,
- ciò che accade in caso di conflitto.

Ma questa struttura presuppone qualcosa:
Tempo.
Tempo per l'interpretazione.
Tempo per le procedure.
Tempo per l'obiezione.

I sistemi algoritmici riducono proprio questo tempo.
Agiscono in millisecondi.
Reagiscono in tempo reale.
E cambiano gli stati prima che un processo legale possa nemmeno iniziare.

La costituzione classica del mondo

La democrazia moderna si basa sulle costituzioni.
Una costituzione non è una legge in senso stretto.
È una cornice.

Definisce:

- diritti fondamentali,
- limitazione del potere,
- equilibrio istituzionale,
- separazione dei poteri.

È lenta.
Intenzionalmente lenta.
Perché la stabilità sorge attraverso il ritardo.

La nuova domanda: cos'è una costituzione per macchine?

Quando i sistemi iniziano ad agire autonomamente,
sorge una nuova domanda:
Quali regole si applicano ad attori che non sono umani?

Un algoritmo non conosce la morale.
Nessuna intenzione.
Nessuna responsabilità in senso classico.
Ottimizza.
Sempre.
Continuamente.
Senza pausa.

L'emergere di costituzioni implicite

Nel mondo digitale odierno esistono già "costituzioni invisibili".
Non sono codificate in un unico documento.
Sorgono da:

- regole della piattaforma,
- strutture API,
- dati di addestramento,
- protocolli di sicurezza,
- quadri normativi,
- incentivi economici.

Questi elementi determinano collettivamente ciò che i sistemi possono fare e ciò che effettivamente faranno.
Ma nessuno li ha progettati come un tutto.

Il codice come legge

Un cambiamento centrale degli ultimi decenni è:
Il codice sostituisce sempre più i regolamenti.

Quando viene eseguito un contratto intelligente, non è:
"Il tribunale deciderà più tardi".
Ma:
"Il codice decide immediatamente".

Così, la legge si sposta da:
interpretazione → esecuzione

Un algoritmo implementato non è solo una proposta.
È un'azione.

L'irreversibilità delle regole digitali

Una legge classica può essere modificata.
Un tribunale può interpretarla.
Un parlamento può riformarla.

Un sistema algoritmico è spesso più difficile da cambiare.
Perché?

- I sistemi sono in rete.
- I cambiamenti hanno effetti a cascata.
- Gli aggiornamenti richiedono coordinamento.
- Gli errori possono avere conseguenze globali.

Così emerge una nuova forma di inerzia istituzionale.
Non attraverso la burocrazia.
Ma attraverso la complessità tecnica.

La costituzione delle piattaforme

Le grandi piattaforme digitali possiedono già oggi strutture simili a costituzioni.
Definiscono:

- visibilità (algoritmi di ranking),
- condizioni di partecipazione (regole d'uso),

- partecipazione economica (monetizzazione),
- sanzioni (deplatforming, blocchi).

Queste regole funzionano come leggi.
Ma sono progettate privatamente.
E cambiate in qualsiasi momento.

La separazione algoritmica dei poteri

Nelle democrazie classiche esiste una separazione dei poteri:

- legislativo (leggi),
- esecutivo (esecuzione),
- giudiziario (interpretazione).

Nei sistemi algoritmici, queste funzioni si offuscano.
Un sistema può simultaneamente:

- definire regole (attraverso l'ottimizzazione),
- applicarle (attraverso l'esecuzione),
- e "interpretarle" (attraverso l'adattamento del modello).

La separazione dei poteri diventa tecnicamente sfocata.

La necessità di nuovi organi di controllo

Quando i sistemi diventano più autonomi,
sorge una nuova categoria di istituzioni:

- autorità di supervisione algoritmica,
- revisori di modelli,
- consigli etici per i dati,
- sistemi di conformità IA.

Il loro compito non sarebbe solo il controllo.
Ma la traduzione:
Tra norma umana e logica della macchina.

L'idea di una costituzione algoritmica

Una possibile risposta alla complessità emergente è l'idea di una "costituzione degli algoritmi".
Non sarebbe un documento unico.
Ma un sistema di principi come:

- obblighi di trasparenza per i modelli critici,
- tracciabilità delle decisioni,
- limitazione degli obiettivi di ottimizzazione,
- obbligo di consentire l'intervento umano,
- documentazione delle fonti dei dati di addestramento,
- meccanismi di audit per i rischi sistemici.

Ma questi principi devono essere implementati tecnicamente.
Non solo formulati legalmente.

Il problema della traduzione

La legge è linguistica.
Gli algoritmi sono matematici.
Tra i due c'è un divario.

Quando una legge dice:
"La discriminazione è vietata".
un sistema deve definire:

- Cos'è la discriminazione nei dati?
- Come viene misurata?
- Quali soglie si applicano?
- Quali variabili sono rilevanti?

Ogni traduzione cambia il contenuto.
Così sorge un nuovo campo di potere:
L'interpretazione delle norme nel codice.

La legislazione invisibile

Nel mondo algoritmico, le regole spesso sorgono senza dibattito democratico.
Attraverso:

- standard tecnici,
- decisioni aziendali,
- architetture di modelli,
- incentivi di mercato.

Questi processi sembrano neutrali.
Ma non lo sono.
Perché ogni architettura decide implicitamente su:

- accesso,
- visibilità,
- partecipazione,
- rischio,
- opportunità.

La questione della legittimità

Negli Stati classici, il principio è:
Le leggi sono legittime se sono state decise democraticamente.

Ma cosa legittima un algoritmo?

- La sua efficienza?
- La sua precisione?
- Il suo impatto economico?
- La sua superiorità tecnica?

O dovrebbero esistere nuovi criteri?
Questa domanda è ancora senza risposta.
E diventerà centrale per il futuro dei sistemi politici.

I limiti del controllo

Anche se esistesse una costituzione per gli algoritmi, rimarrebbe un problema:
Complessità.

Più i sistemi diventano complessi,
più difficile diventa il controllo completo.

Persino gli sviluppatori spesso non capiscono più tutte le proprietà emergenti dei loro modelli.
La costituzione incontra così un bersaglio mobile.

Il pericolo del pseudo-controllo

Uno scenario particolarmente rischioso sorge quando il controllo è solo simulato.
Ad esempio:

- rapporti di audit senza profondità,
- conformità come formalità,
- trasparenza come marketing,
- etica come strumento di pubbliche relazioni.

Allora emerge un'illusione di sicurezza.
Mentre la complessità reale continua a crescere.

La dimensione geopolitica

La questione della costituzione algoritmica non è solo tecnica.
È geopolitica.

Paesi e regioni competono per:

- infrastruttura di IA,
- accesso ai dati,
- potenza di calcolo,
- leadership nei modelli.

Chi determina le regole dei sistemi,
determina indirettamente le relazioni di potere globali.

Il ritorno del concetto di sovranità

In fondo, si tratta di una vecchia domanda:
Chi è sovrano?

In passato era il re.
Poi lo Stato.
Poi il mercato.

Oggi sorge una nuova possibilità:
Che la sovranità passi in parte a sistemi
che non sono né chiaramente statali né privati.

La costituzione come sistema vivente

Una possibile visione futura è una "costituzione dinamica".
Non sarebbe un documento statico,
ma un sistema adattivo:

- rivisto continuamente,
- monitorato algoritmicamente,
- corretto umanamente,
- integrato istituzionalmente.

Cercherebbe di connettere
la velocità delle macchine
con la lentezza della democrazia.

Osservazione conclusiva

La costituzione degli algoritmi non è una questione legale marginale.
È la sfida politica centrale di un mondo
in cui le decisioni sono sempre più prese da sistemi non umani.

Il cambiamento decisivo è:
Non solo gli umani hanno bisogno di protezione dal potere.
Ma anche gli umani hanno bisogno di protezione dalla logica dei loro stessi sistemi.

Perché ogni tecnologia
che prende decisioni
porta già in sé una forma di costituzione.
L'unica domanda è:
Chi l'ha scritta?

Parte V: Oltre l'esoterismo algoritmico

Capitolo 18 – Oltre l'esoterismo algoritmico

Quando le macchine non sembrano più mistiche ma diventano naturali

"Il segreto non scompare quando lo capiamo. Scompare quando smettiamo di trattarlo come un segreto."

La fine dell'esoterismo

Il termine "esoterismo algoritmico" è nato in questo libro da un'osservazione:
Più i sistemi diventano complessi, più iniziano a sembrare mistici agli esseri umani.

- I mercati si muovono senza causa apparente.
- Il capitale fluisce apparentemente "intelligente".
- I modelli decidono senza logica spiegabile.
- I sistemi reagiscono più velocemente della percezione umana.

Ciò che non viene capito viene spesso interpretato miticamente.
Ma qui risiede un punto di svolta decisivo:
L'esoterismo non è uno stato dei sistemi.
È uno stato della percezione.

Il disincanto della scatola nera

Nei capitoli precedenti, il mondo appariva sempre più opaco:

- contratti quantistici,
- mercati autonomi,
- aristocrazie algoritmiche,
- realtà disaccoppiate,
- costituzioni delle macchine.

Tutto ciò creava l'impressione di una "seconda realtà" dietro il mondo visibile.
Ma questa seconda realtà non è nascosta.
È solo distribuita.

La complessità non è un mistero

Un errore centrale della percezione moderna è:
"Complesso = misterioso".

In realtà:
La complessità è spesso spiegabile – ma non intuitivamente comprensibile.

Un modello meteorologico non è un mistero.
Una rete neurale non è un oracolo.
Un sistema finanziario non è un'entità cosciente.

Sono:

- sistemi di molte interazioni,

•cicli di retroazione,
•processi statistici,
•strutture ottimizzanti.

La sensazione del mistico sorge dove finisce l'intuizione umana.
Non dove è nascosta la verità.

La terza fase: normalizzazione dell'IA

Ogni rivoluzione tecnologica attraversa tre fasi:

1.Shock
"Questo è incomprensibile."
2.Mitologizzazione
"Questo è sovrumano."
3.Normalizzazione
"Questa è infrastruttura."

L'elettricità fu un tempo magica.
Internet fu un tempo rivoluzionario.

L'IA e i sistemi finanziari algoritmici si trovano attualmente tra la fase 2 e la 3.
Questo libro ha reso deliberatamente visibile la fase di mitologizzazione.
Ora inizia la sua dissoluzione.

Il ritorno della meccanica

Quando i sistemi sono completamente integrati, scompaiono dalla coscienza.

Nessuno pensa alle reti elettriche quando accende una luce.
Nessuno pensa ai protocolli di routing quando invia un messaggio.
Nessuno pensa all'infrastruttura del mercato quando fa trading.

Lo stesso accadrà con i sistemi algoritmici.
Non scompariranno.
Diventeranno invisibili.
Perché funzionano.

La dissoluzione delle "forze invisibili"

Il testo di apertura di questo libro parlava di:
forze invisibili che dirigono i flussi finanziari globali

Ma dopo il viaggio attraverso i capitoli, diventa chiaro:
Queste forze non sono invisibili perché nascoste.
Ma perché sono distribuite:

- nei centri dati,
- nei modelli,
- nelle strutture di mercato,
- nei sistemi normativi,
- nel comportamento umano.

Non c'è un centro di controllo.
Ci sono solo reti di decisioni.

La fine del "mito quantistico"

Anche il termine "trading quantistico" sembrava nel testo di apertura come una transizione verso il mistico. Ma la realtà è meno metafisica:

- il calcolo quantistico è sperimentale,
- molti procedimenti "ispirati al quantistico" sono ottimizzazioni classiche,
- la vera rivoluzione risiede nei dati, nella scalabilità e nella velocità.

Ciò che sembra "soprannaturale" è spesso solo:
una tecnologia convenzionale in dimensioni estreme.

La vera trasformazione: velocità + scalabilità

La vera rivoluzione dei sistemi finanziari e di IA non è la loro misteriosità.
Ma:

- velocità,
- parallelismo,
- volume di dati,
- interconnessione.

Quando un sistema reagisce più velocemente della percezione umana,
appare automaticamente come "non più umano".
Ma questa è un'illusione epistemica.

L'umano come macchina interpretativa

Gli esseri umani tendono a personalizzare le cause.
Quando qualcosa funziona, chiediamo:

- Chi c'è dietro?
- Chi controlla questo?
- Chi ne beneficia?

Ma molti sistemi moderni non hanno un'intenzione centrale.
Sorgono da:

- ottimizzazioni locali,
- decisioni decentralizzate,
- effetti emergenti.

Il risultato appare intenzionale.
Ma non necessariamente lo è.

La demistificazione del potere

Una conclusione centrale di questo libro è:
Il nuovo potere non è segreto.
È strutturale.

Consiste in:

- decisioni architetturali,
- accesso ai dati,
- parametri dei modelli,
- controllo dell'infrastruttura,

•dinamiche di retroazione.

Chi capisce queste strutture riconosce:
Non esiste un "controllore nascosto".
Esistono solo diversi livelli di influenza.

La nuova competenza: pensiero sistemico

In un mondo di sistemi algoritmici, l'abilità più importante si sposta:
Non più l'intuizione sugli eventi individuali.
Ma la comprensione dei sistemi.

Chi vuole capire il mondo deve imparare:

•a riconoscere i cicli di retroazione,
•ad analizzare i sistemi di incentivi,
•a leggere i flussi di dati,
•a mettere in discussione i presupposti dei modelli,
•a capire le economie di scala.

Il pensiero sistemico sostituisce il mistero.

La nuova responsabilità

Quando i sistemi diventano spiegabili, la responsabilità non scompare.
Al contrario:
Diventa più concreta.

Perché allora diventa visibile:

- quali decisioni sono state prese,
- quali parametri sono stati scelti,
- quali obiettivi vengono ottimizzati,
- quali rischi sono stati accettati.

La trasparenza non è una questione tecnica.
È una decisione politica.

L'ultima illusione: il controllo

Uno dei temi centrali di questo libro è stata la questione del controllo.
Ma alla fine si mostra:
Il controllo non è mai stato assoluto.
Né nei sistemi umani.
Né in quelli algoritmici.

La domanda non è:
Chi controlla tutto?
Ma:
Dove sono possibili punti di intervento?

Il ritorno della limitazione

Ogni epoca scopre alla fine i propri limiti:

- la fisica scopre i limiti dell'energia,
- l'economia scopre la scarsità delle risorse,
- l'informatica scopre i limiti della complessità,
- l'IA scopre i limiti dell'interpretabilità.

L'era algoritmica scopre:
Il limite della previsione completa.

La de-drammatizzazione del futuro

Quando l'esoterismo algoritmico scompare, non rimane un campo vuoto.
Ma una comprensione più sobria:

Il futuro non è scritto da un potere nascosto.
Sorge da:

- interazioni,
- decisioni,
- sistemi,
- cicli di retroazione,
- casualità.

Non meno complesso.
Ma meno mistico.

Osservazione conclusiva

"Oltre l'esoterismo algoritmico" non significa la fine dei sistemi.
Significa la fine della loro esaltazione mitica.

Il mondo rimane:

- veloce,

- interconnesso,
- guidato dai dati,
- plasmato algoritmicamente.

Ma diventa più comprensibile non appena smettiamo di trattarlo come un segreto.

La vera intuizione di questo libro è quindi:
Il futuro non è nascosto.
È distribuito.

EPILOGO – Gli spiriti che abbiamo evocato

Cosa rimane quando i sistemi ci superano – eppure li abbiamo costruiti

"L'essere umano crea strumenti per ordinare il mondo. E a un certo punto scopre di essere diventato lui stesso parte dell'ordine."

L'ultima ombra della narrazione

Ogni grande epoca tecnologica lascia una traccia simile:
Prima emerge uno strumento.
Poi un'infrastruttura.
Poi un sistema.
Poi una dipendenza.
E a un certo punto la domanda silenziosa:
Abbiamo ancora il controllo – o ormai funziona senza di noi da tempo?

I capitoli precedenti di questo libro hanno dispiegato questo sviluppo:

- da mercati che pensano,
- a modelli che decidono,
- a sistemi che generano regole.

Ma nell'epilogo, la prospettiva cambia.
Non più i sistemi sono al centro.
Ma la relazione tra l'essere umano e il sistema.

La metafora degli spiriti

L'espressione "gli spiriti che abbiamo evocato" non è un avvertimento in senso morale.
È la descrizione di una dinamica tipica:
Gli esseri umani creano processi che diventano più grandi della loro intenzione originale.

- il fuoco che doveva dare calore diventa industria,
- il denaro che doveva facilitare lo scambio diventa un sistema globale,
- le reti che dovevano migliorare la comunicazione diventano infrastruttura di potere.

E ognuno di questi sviluppi rimane inizialmente controllabile.
Finché non lo è più.

Il momento dell'irreversibilità

Non esiste un punto preciso in cui il controllo si perde.
Invece, ci sono transizioni:

- piccole automatizzazioni,
- poi scalabilità,
- poi interconnessione,
- poi accelerazione,
- poi dipendenza.

E a un certo punto, il sistema non viene più "usato".
Viene "presupposto".
Questo è il vero punto di svolta.

La nuova forma di impotenza

L'idea classica di impotenza era semplice:
Non si aveva accesso alle decisioni.

La nuova forma è più sottile:
Si è parte del sistema che decide.

Gli umani:

- addestrano i modelli,
- generano i dati,
- usano le piattaforme,
- reagiscono ai segnali.

E allo stesso tempo credono di stare fuori.
Ma il fuori non esiste quasi più.

Il ciclo di auto-rinforzo

I sistemi descritti in questo libro seguono uno schema ricorrente:

1. Vengono generati dati
2. Vengono addestrati modelli
3. Vengono prese decisioni
4. Viene influenzato il comportamento
5. Il nuovo comportamento genera nuovi dati

Questo ciclo non è stabile in senso statico.
È dinamicamente stabile.

Si adatta costantemente.
Ed è proprio lì la sua forza – e la sua opacità.

Il silenzioso spostamento della responsabilità

Nelle società classiche, la responsabilità era localizzata.
Un attore prendeva una decisione.
Poteva essere chiamato a rispondere.

Nei sistemi algoritmici, la responsabilità è distribuita:

- sviluppatori,
- operatori,
- utenti,
- fornitori di dati,
- infrastruttura,
- logica di mercato.

Più il sistema è complesso, più la responsabilità è diffusa.
Non perché scompaia.
Ma perché si dissolve.

La normalità dell'incomprensibile

Uno dei cambiamenti più profondi del presente non è tecnologico.
Ma culturale:

Le persone iniziano a usare sistemi che non capiscono più completamente.
Questo non è più uno stato di emergenza.
È la vita quotidiana.

- smartphone,
- mercati finanziari,
- sistemi di IA,
- sistemi di raccomandazione,
- decisioni automatizzate.

Il mondo funziona – anche senza comprensione completa.

La nuova invisibilità

Il potere precedente era visibile:

- edifici,
- istituzioni,
- persone,
- simboli.

Il nuovo potere è funzionale:

- algoritmi,
- interfacce,
- flussi di dati,
- modelli.

Non ha volto.
Non ha centro.
Non ha un indirizzo chiaro.

Ed è proprio per questo che spesso viene sottovalutato.

La questione della responsabilità umana

Nonostante tutta l'automazione, rimane un fatto:
Ognuno di questi sistemi è stato creato da esseri umani.
Non nel senso di controllo diretto.
Ma nel senso di progettazione strutturale.

Gli umani hanno definito:

- obiettivi,
- funzioni di ottimizzazione,
- fonti di dati,
- decisioni architetturali.

Gli spiriti non sono quindi estranei.
Sono generati dall'uomo – e poi diventati autonomi.

L'ambivalenza del progresso

Il progresso tecnologico non è mai univoco:
Aumenta simultaneamente:

- libertà e dipendenza,
- efficienza e fragilità,

- conoscenza e sopraffazione,
- controllo e complessità.

I sistemi di questo libro non sono un errore.
Sono una conseguenza.

Il ritorno della domanda di senso

Quando i sistemi operano sempre più autonomamente,
la domanda centrale si sposta:
Non solo:
Come funziona?
Ma:
A cosa esiste?

Perché un sistema può funzionare perfettamente
ed essere comunque socialmente problematico
se il suo obiettivo non coincide più con i valori umani.

L'ultima responsabilità

Alla fine di tutte le strutture algoritmiche, rimane una
verità semplice e scomoda:
Non esistono sistemi "esterni".
Solo sistemi che gli umani hanno costruito – e
continuano a costruire.

Anche se nessuno ha più una visione d'insieme,
la responsabilità rimane distribuita tra coloro
che continuano a cambiare l'architettura.

La possibilità di riconquista

La storia non è lineare.
Ogni sviluppo complesso contiene anche contromovimenti:

- regolamentazione,
- iniziative di trasparenza,
- movimenti open source,
- controllo democratico,
- educazione tecnologica.

Queste forze non sono romantiche.
Sono strutturalmente necessarie.
Perché ogni civiltà stabile ha bisogno di retroazione con il proprio sistema.

Il vero significato degli "spiriti"

Gli spiriti che abbiamo evocato non sono entità estranee.
Sono:

- processi accelerati,
- decisioni scalate,
- logiche automatizzate,
- sistemi in rete.

Non agiscono contro di noi.
Ma nemmeno automaticamente per noi.

Seguono gli obiettivi che abbiamo loro inscritto – spesso indirettamente, spesso cresciuti storicamente, spesso inconsciamente.

Osservazione conclusiva

L'epilogo di questo libro non è una fine in senso classico.
È un ritorno.
Alla domanda iniziale:

Chi controlla le forze invisibili che danno forma ai sistemi globali?

La risposta è meno drammatica di quanto i suggeriscano le metafore – e allo stesso tempo più esigente:
Non è una singola istanza a controllarle.
Ma molti livelli di decisioni che si condensano in strutture nel tempo.

La vera sfida non risiede quindi nel "vincere" questi sistemi.
Ma nel capire, dare forma e limitare ciò che noi stessi abbiamo creato.

Gli spiriti che abbiamo evocato non sono venuti per sostituirci.
Sono venuti per mostrarci quanto profondamente viviamo già dentro i nostri stessi sistemi.

Riferimenti a Pubblicazioni

L'Età dell'IA

L'Età dell'IA: E il Nostro Futuro Umano è un saggio del 2021 sulle implicazioni sociali e geopolitiche dell'intelligenza artificiale, co-scritto da Henry A. Kissinger, Eric Schmidt e Daniel Huttenlocher. Combina prospettive di politica estera, industria e mondo accademico per dimostrare come l'IA stia trasformando il modo in cui la conoscenza viene creata e il potere organizzato.

Dati Chiave

Titolo completo: L'Età dell'IA: E il Nostro Futuro Umano
Autori: Henry A. Kissinger, Eric Schmidt, Daniel Huttenlocher
Anno di pubblicazione: 2021 (Little, Brown and Company)
Estensione: Circa 270–290 pagine, a seconda dell'edizione

Tema principale: Come l'IA ridefinisce conoscenza, potere e ordine internazionale

Contesto e Paternità
Il libro riunisce tre background distinti: Kissinger come diplomatico e stratega di lunga esperienza, Schmidt come ex CEO di Google e Huttenlocher come informatico e leader accademico. La loro collaborazione è nata dalla preoccupazione condivisa che l'ascesa dell'IA stia cambiando le questioni umane in modo profondo quanto la stampa o la rivoluzione scientifica – ma più velocemente e con meno comprensione pubblica.

Temi Centrali e Argomenti
Il libro sostiene che i sistemi di IA non si limitano a elaborare informazioni; generano modelli, previsioni e strategie innovative che gli esseri umani potrebbero non essere in grado di tracciare o spiegare completamente. Ciò mina le idee tradizionali di causalità, competenza e responsabilità. Gli autori esplorano come questo cambiamento potrebbe influenzare la diplomazia, la strategia militare, la concorrenza economica e la politica interna, e chiedono nuovi quadri concettuali e istituzioni per gestire il potere dell'IA.

Stile, Struttura e Ricezione
Il testo è saggistico e riflessivo piuttosto che tecnico, rivolto a responsabili politici e lettori generali piuttosto che a ingegneri. I recensori notano che offre una roadmap ampia e metafore potenti, ma può essere carente in dettagli tecnici e rigore empirico; alcuni critici sostengono che contribuisca all'"hype dell'IA"

enfatizzando il suo potere trasformativo senza sempre delineare attentamente i limiti attuali.

Posizione nel Discorso sull'IA
'Età dell'IA si colloca accanto ad altre grandi opere su IA e società, influenzando i dibattiti sulla governance dell'IA, la sicurezza nazionale e l'etica. Gli autori hanno esteso i loro argomenti in articoli di opinione e discussioni politiche, inquadrando l'IA come una tecnologia strategica che richiede un impegno pubblico, accademico e governativo sostenuto.

Architetti dell'Intelligenza

Architetti dell'Intelligenza: La Verità sull'IA da Coloro che la Costruiscono è un saggio del 2018 del futurista e autore Martin Ford. Presenta interviste approfondite con 23 figure di spicco dell'intelligenza artificiale sul futuro dell'IA, la sua traiettoria tecnica e le sue implicazioni sociali, economiche ed etiche.

Dati Chiave

Autore: Martin Ford
Anno di pubblicazione: 2018
Editore: Packt Publishing
Formato: Saggistica basata su interviste, circa 550 pagine

Tema: Futuro dell'intelligenza artificiale e il suo impatto sul lavoro, l'economia e la società

Contenuto e Struttura

Il libro è organizzato come una serie di interviste individuali approfondite con ricercatori e imprenditori di spicco nel campo dell'IA. Tra gli intervistati figurano personalità come Demis Hassabis, Geoffrey Hinton, Yann LeCun, Yoshua Bengio, Fei-Fei Li, Nick Bostrom, Andrew Ng e altri.

Ogni capitolo si concentra sulla prospettiva di un esperto, coprendo argomenti come l'apprendimento profondo, l'apprendimento per rinforzo, la robotica e le prospettive per l'intelligenza generale artificiale (AGI). Le conversazioni esplorano sia le direzioni tecniche che questioni più ampie su tempistiche, opportunità e rischi sistemici.

Temi e Focus

Un tema centrale è come l'IA trasformerà i mercati del lavoro e l'economia globale. Ford solleva ripetutamente questioni come la disoccupazione tecnologica, la disuguaglianza e le possibili risposte politiche, inclusi i sistemi di sicurezza sociale e nuovi modelli economici. Gli intervistati spesso non sono d'accordo sulle tempistiche e sulla gravità della disruption, offrendo uno spettro di opinioni di esperti piuttosto che una singola previsione.

Un altro focus importante è la sicurezza e l'etica dell'IA: problemi di allineamento, armi autonome, pregiudizi nei sistemi di apprendimento automatico e la governance delle potenti tecnologie IA. Diversi intervistati considerano i percorsi verso un'IA a livello umano o sovrumano e dibattono se questi progressi siano a breve, lungo termine o addirittura desiderabili.

Ricezione e Significato

Architetti dell'Intelligenza è stato segnalato come un'"istantanea" dell'opinione dell'élite dell'IA durante il boom dell'apprendimento profondo della fine degli anni 2010. I commentatori lo hanno evidenziato come una risorsa utile per comprendere come gli stessi professionisti leader pensano all'impatto, alle tempistiche e alle incertezze nello sviluppo dell'IA.

Potere e Sorveglianza

L'Età del Capitalismo della Sorveglianza

L'Età del Capitalismo della Sorveglianza: La Lotta per un Futuro Umano alla Nuova Frontiera del Potere è un saggio del 2019 della studiosa Shoshana Zuboff. Esamina come le grandi aziende tecnologiche sfruttano i dati personali per modellare il comportamento e generare profitti. L'opera è stata ampiamente discussa per la sua analisi critica del capitalismo digitale e delle sue conseguenze sociali.

Dati Chiave
Autrice: Shoshana Zuboff
Pubblicazione: 2019 (PublicAffairs)
Genere: Saggistica, tecnologia, economia politica
Focus principale: Uso aziendale dei dati personali per la previsione del comportamento
Estensione: Circa 700 pagine

Concetto e Argomento
Zuboff introduce il termine capitalismo della sorveglianza per descrivere un sistema economico in cui aziende come Google, Facebook e altre rivendicano l'esperienza umana privata come materia prima per l'estrazione di dati. Questi dati vengono trasformati in prodotti predittivi venduti a inserzionisti e altre entità che cercano di prevedere e influenzare il comportamento degli utenti. Zuboff sostiene che questa dinamica segna una nuova fase del capitalismo che minaccia l'autonomia e la democrazia.

Contesto Storico
Il libro colloca il capitalismo della sorveglianza nel contesto della commercializzazione del primo internet e dell'ascesa dei modelli di business basati sui dati negli anni 2000. Traccia una linea dal controllo del capitalismo industriale sulla natura al controllo del capitalismo digitale sul comportamento umano. Zuboff contrappone questa nuova forma di potere alle precedenti nozioni di capitalismo informazionale che erano più partecipative e trasparenti.

Ricezione e Influenza

L'Età del Capitalismo della Sorveglianza ha ricevuto plauso critico per la sua profondità e portata, spesso paragonata alle critiche sociali classiche del capitalismo industriale. Ha influenzato i dibattiti sulla politica tecnologica, il diritto alla privacy e l'etica digitale, stimolando una rinnovata discussione sui diritti dei dati e la regolamentazione delle piattaforme. I critici notano il suo stile denso ma lo riconoscono come un testo fondamentale per comprendere le strutture di potere digitali contemporanee.

Capitalismo delle Piattaforme

Capitalismo delle Piattaforme è un libro del 2016 dell'economista politico Nick Srnicek. Analizza come le piattaforme digitali – come quelle gestite da Google, Amazon e Uber – rimodellano il capitalismo creando nuove forme di estrazione del valore e dominio del mercato attraverso il controllo dei dati e gli effetti di rete.

Dati Chiave

Autore: Nick Srnicek
Pubblicazione: 2016
Editore: Polity Press
Genere: Economia politica, studi sulla tecnologia
Focus principale: Logica economica delle piattaforme digitali

Contesto e Sfondo

Il libro si colloca nei dibattiti sul capitalismo post-industriale e l'ascesa dell'economia digitale. Srnicek sostiene che dopo la crisi finanziaria del 2008, le aziende hanno cercato nuovi modelli di profitto, portando all'espansione di strutture aziendali basate sui dati note come piattaforme. Questo cambiamento rappresenta una nuova fase dello sviluppo capitalistico piuttosto che un allontanamento da esso.

Argomenti Centrali

Srnicek classifica le piattaforme in categorie – piattaforme pubblicitarie, cloud, industriali, di prodotto e leggere – per spiegare come ciascuna estrae e monetizza i dati. Sostiene che queste aziende beneficiano degli effetti di rete, portando a risultati di mercato monopolistici o oligopolistici. I dati diventano la merce centrale, consentendo analisi predittive e servizi mirati che rafforzano il potere aziendale.

Ricezione e Influenza

Il libro è stato ampiamente discusso negli ambienti accademici e politici per aver fornito un quadro teorico chiaro per comprendere aziende come Facebook e Uber. Studiosi del lavoro digitale, degli studi critici sulla tecnologia e dell'economia politica lo utilizzano spesso come testo fondamentale per descrivere il "capitalismo delle piattaforme" come una forma economica distinta.

Eredità e Rilevanza
Capitalismo delle Piattaforme rimane influente nelle discussioni sulla regolamentazione digitale, la sorveglianza e l'automazione. Continua a informare le analisi su come le infrastrutture tecnologiche modellano il lavoro, la disuguaglianza e la concorrenza globale nel XXI secolo.

Sistemi Finanziari

Flash Boys

Flash Boys: Una Rivolta a Wall Street è un saggio di Michael Lewis, pubblicato nel 2014. Indaga l'ascesa del trading ad alta frequenza (HFT) nei mercati azionari statunitensi e sostiene che la tecnologia avanzata ha permesso ad alcune aziende di ottenere vantaggi sleali. L'opera è diventata un bestseller per la sua accessibile esposizione della struttura moderna del mercato.

Dati Chiave

Autore: Michael Lewis
Pubblicazione: 2014
Editore: W. W. Norton & Company
Tema: Trading ad alta frequenza ed equità del mercato
Genere: Saggistica finanziaria investigativa

Contesto e Sfondo
Michael Lewis, noto per opere come The Big Short e Moneyball, ha rivolto la sua attenzione alla trasformazione tecnologica dei mercati finanziari dopo la crisi del 2008. Flash Boys traccia come gli scambi frammentati, i cavi in fibra ottica e le strategie algoritmiche abbiano alterato il trading azionario e eroso la fiducia degli investitori nella trasparenza del mercato.

Sinossi
La narrazione si concentra su Brad Katsuyama, un trader della Royal Bank of Canada, che scopre che i suoi ordini sono sistematicamente svantaggiati da trader più veloci. Lui e il suo team scoprono come i millisecondi di latenza consentano alle aziende HFT di "saltare la fila" delle operazioni. La loro risposta è la creazione dell'Investors Exchange (IEX), progettato per neutralizzare i vantaggi di velocità attraverso un "dosso di velocità" che ritarda gli ordini di microsecondi.

Impatto e Ricezione
Il libro ha riacceso il dibattito sull'equità del mercato e il ruolo della tecnologia nella finanza. Ha stimolato audizioni al Congresso e il controllo normativo delle pratiche HFT. I critici della comunità commerciale hanno sostenuto che Lewis ha esagerato il danno, mentre i sostenitori hanno elogiato la chiarezza del libro nell'esporre sistemi opachi. Ha raggiunto la cima della lista dei bestseller del New York Times e ha influenzato la percezione pubblica della finanza moderna.

Eredità

Flash Boys rimane un testo chiave nelle discussioni sull'etica finanziaria, il design del mercato e il trading algoritmico. Ha contribuito a elevare Katsuyama e IEX come sostenitori della riforma e ha consolidato la reputazione di Lewis come importante cronista del cambiamento sistemico in industrie complesse.

Dark Pools

Dark Pools: L'Ascesa dei Trader Automatici e la Manipolazione del Mercato Azionario USA è un saggio del 2012 del giornalista finanziario Scott Patterson. Indaga l'evoluzione del trading ad alta frequenza e algoritmico e il loro impatto sui mercati finanziari moderni. Il libro ha attirato l'attenzione per la sua dettagliata narrazione su come la tecnologia ha rimodellato l'infrastruttura commerciale di Wall Street.

Dati Chiave

Autore: Scott Patterson
Pubblicazione: 2012
Genere: Saggistica, finanza
Editore: Crown Business

Tema: Trading ad alta frequenza e struttura del mercato

Contesto e Premessa
Patterson, reporter del Wall Street Journal, traccia la storia del trading elettronico dal suo primo sviluppo negli anni '90 fino agli anni 2000. Esplora come un piccolo gruppo di programmatori e analisti quantitativi abbia costruito sistemi algoritmici che hanno iniziato a dominare i volumi di scambio. Il titolo del libro si riferisce ai "dark pools", scambi privati o forum per negoziare titoli al di fuori dei mercati pubblici.

Contenuto e Temi
Dark Pools esamina le conseguenze tecnologiche ed etiche del passaggio dal trading umano a quello automatizzato. Dettaglia come i trader ad alta frequenza abbiano sfruttato i vantaggi dei millisecondi e come i luoghi di scambio opachi abbiano frammentato la trasparenza del mercato. Patterson presenta questo sia come una storia di innovazione che come un racconto di ammonimento sul rischio sistemico e l'equità nei mercati dei capitali.

Ricezione e Influenza
Il libro è stato elogiato per aver reso accessibili sistemi finanziari complessi ai lettori generali mantenendo il rigore giornalistico. I critici lo hanno paragonato a Flash Boys di Michael Lewis, apparso successivamente e che esplorava un territorio simile. Dark Pools ha influenzato i dibattiti pubblici e normativi sulla struttura del mercato e

rimane un punto di riferimento nelle discussioni sull'automazione finanziaria e l'etica.

Teoria dei Sistemi

Sistemi Sociali

Sistemi Sociali è un libro del 1984 del sociologo tedesco Niklas Luhmann. È una delle sue opere più influenti, che delinea una teoria generale dei sistemi sociali che ha plasmato la sociologia del tardo XX secolo. Il libro presenta una reinterpretazione radicale della società attraverso la teoria dei sistemi e la cibernetica, enfatizzando la comunicazione piuttosto che l'azione come nucleo della vita sociale.

Dati Chiave

Autore: Niklas Luhmann
Pubblicazione originale: 1984 (Suhrkamp Verlag, Francoforte sul Meno)
Lingua: Tedesco
Traduzione inglese: Social Systems (1995, tradotto da John Bednarz Jr. e Dirk Baecker)
Disciplina: Sociologia / Teoria dei sistemi

Contesto Teorico

Luhmann sviluppò Sistemi Sociali come parte del suo progetto più ampio di applicare la teoria dei sistemi autopoietici, originariamente derivata dalla biologia, al mondo sociale. Si basò su idee di Talcott Parsons, Humberto Maturana e Francisco Varela per descrivere la società come una rete autoproduttrice di comunicazioni, distinta dagli individui o dai sistemi psicologici.

Concetti Centrali

Il libro sostiene che i sistemi sociali sono autopoietici – si riproducono attraverso la comunicazione. La comunicazione, non la coscienza individuale o l'azione, è l'unità di analisi. Luhmann definisce diversi sottosistemi (es. diritto, politica, economia) che operano attraverso i propri codici binari e mantengono una chiusura operativa pur essendo cognitivamente aperti al loro ambiente.

Influenza e Ricezione

Sistemi Sociali ha segnato un punto di svolta nella teoria dei sistemi e nella sociologia europea, influenzando campi come la teoria dell'organizzazione, gli studi giuridici e la teoria dei media. Sebbene spesso considerato difficile e astratto, ha posizionato Luhmann come una figura importante nella teoria sociale contemporanea e ha contribuito allo sviluppo della cibernetica di secondo ordine.

Eredità

Le idee di Sistemi Sociali sono continuate nelle opere successive di Luhmann, in particolare Die Gesellschaft der Gesellschaft (1997). La sua traduzione inglese ha ampliato il suo impatto internazionale, integrando la teoria dei sistemi nei dibattiti sociologici e filosofici oltre il mondo di lingua tedesca.

L'Etica Protestante e lo Spirito del Capitalismo

L'Etica Protestante e lo Spirito del Capitalismo è un'opera sociologica di Max Weber, pubblicata per la prima volta nel 1904–1905. Esamina come i valori religiosi protestanti – in particolare quelli del calvinismo – abbiano contribuito a plasmare le condizioni culturali che hanno favorito l'ascesa del capitalismo moderno nell'Europa occidentale.

Dati Chiave

Autore: Max Weber
Prima pubblicazione: 1904–1905 (rivista nel 1920)
Lingua: Tedesco
Tema: Sociologia, economia, religione
Tema centrale: Legame tra etica protestante e spirito capitalista

Contesto e Scopo

Weber scrisse il libro come parte di un'indagine più ampia sul rapporto tra religione e comportamento economico. Sfidò le spiegazioni puramente materialiste del capitalismo, sostenendo che anche i fattori culturali e spirituali giocavano un ruolo decisivo. La sua analisi si basava su lavori precedenti in sociologia ed economia ma introdusse un focus distintivo sulla motivazione morale.

Argomento Principale

Weber propose che aspetti del protestantesimo – in particolare l'idea calvinista della "vocazione" e la credenza nella predestinazione – incoraggiavano un lavoro disciplinato e razionale e il reinvestimento dei profitti piuttosto che il consumo sontuoso. Nel tempo, questo ethos favorì uno "spirito" propizio all'impresa capitalistica e all'organizzazione burocratica, anche dopo che le sue origini religiose si erano affievolite.

Influenza e Ricezione

L'opera è un testo fondamentale nella sociologia della religione e nella sociologia economica. Influenzò pensatori successivi come Talcott Parsons e plasmò i dibattiti sulla modernizzazione e la secolarizzazione. Sebbene alcuni storici abbiano messo in discussione le affermazioni causali di Weber, il suo concetto di "etica protestante" rimane uno strumento analitico chiave per comprendere le radici culturali del capitalismo occidentale.

Eredità

Oggi, L'Etica Protestante e lo Spirito del Capitalismo continua a informare gli studi in sociologia, economia e storia culturale. Esemplifica il progetto più ampio di

Weber di analizzare la razionalizzazione della società occidentale e le tensioni tra progresso economico e significato spirituale.

Filosofia della Tecnologia

La Questione della Tecnica

La Questione della Tecnica è un saggio del 1954 del filosofo tedesco Martin Heidegger. Esamina l'essenza della tecnologia moderna al di là del suo uso strumentale, sostenendo che la tecnologia modella il modo in cui gli umani rivelano e si relazionano con il mondo. Il saggio rimane una delle opere più influenti e ampiamente studiate di Heidegger nella filosofia del XX secolo.

Dati Chiave

Autore: Martin Heidegger
Prima pubblicazione: 1954 (conferenza tenuta nel 1953)
Lingua originale: Tedesco
Concetto centrale: Gestell ("imposizione" o "struttura di collocazione")
Raccolto in: Vorträge und Aufsätze (1954)

Contesto Filosofico

Heidegger sviluppò questo saggio durante il suo periodo tardo, quando si spostò dall'analisi esistenziale verso questioni dell'Essere (Sein). Basandosi su lavori precedenti come Essere e Tempo, cercò di esplorare come il pensiero tecnologico riveli – o nasconda – l'essenza dell'Essere. Il saggio faceva parte di una serie di conferenze che collegavano metafisica, arte e modernità.

Argomento Centrale
Heidegger distingue tra la tecnologia come strumento (strumentale) e come modo di rivelazione (ontologico). La tecnologia moderna, sostiene, "impone" (Gestell) il mondo, ordinandolo come un "fondo disponibile" (Bestand) di risorse disponibili per lo sfruttamento. Questa imposizione nasconde modi alternativi di rivelare la verità, mettendo così in pericolo una relazione più poetica o contemplativa con l'Essere.

Influenza e Interpretazione
La Questione della Tecnica ha influenzato profondamente la filosofia continentale, gli studi di scienza e tecnologia e il pensiero ambientale. Pensatori come Jacques Ellul, Herbert Marcuse e successivi fenomenologi hanno ampliato o criticato la visione di Heidegger. Il saggio continua a plasmare i dibattiti sul determinismo tecnologico, l'etica e la responsabilità ecologica.

Eredità
Oggi, La Questione della Tecnica è un testo fondamentale nella filosofia della tecnologia e negli studi sui media. Il suo vocabolario – in particolare Gestell e

Bestand – è diventato standard per analizzare come la tecnologia struttura la percezione, la cultura e il potere nel mondo moderno.